천재들의 시대

Renaissance Italy

AD 1400 - 1550

타임라이프 세계사 05_르네상스 이탈리아

천재들의 시대

Renaissance Italy

AD 1400 - 1550

타임라이프 북스 지음 | 윤영호 옮김

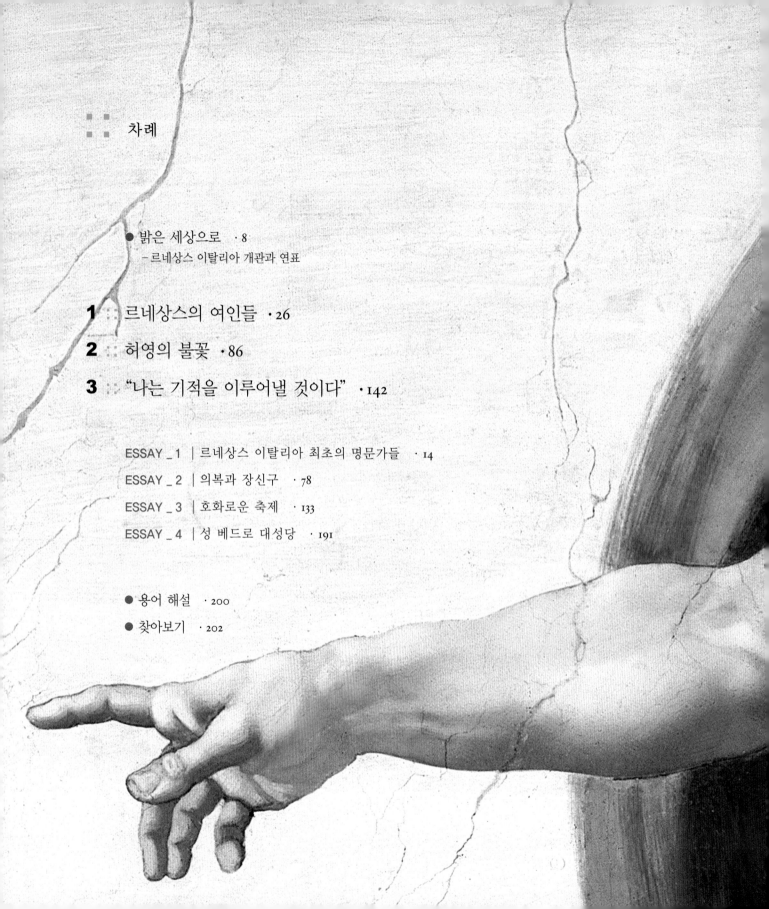

차례

천재들의 시대

1389-1464
코시모 데 메디치의 생존기.

1397
메디치 은행 설립됨.

1417
마르티누스 5세가 교황으로 선출됨. 교회 대분열이 종식되다.

1420
브루넬레스키가 피렌체 대성당의 돔 건설을 시작하다.

1449-1492
로렌초 데 메디치의 생존기.

1452-1519
레오나르도 다 빈치의 생존기.

1453
투르크에 의해 콘스탄티노플 함락, 그리스 학자들이 이탈리아로 피신하다.

밝은 세상으로

르네상스 이탈리아 개관과 연표

자신들이 아주 특별한 시대에 살고 있다는 사실을 알았던 15세기 지식인들은 그 시기를 '무어 인 르네상스' 혹은 '무어 인 부활의 시대'라고 불렀다. 실제로 이탈리아가 고대의 소중한 유산을 재발견하면서 고전의 미는 다시금 부활했다. 무너진 건축물과 불멸의 조각상들, 그리스와 로마의 문학과 고대의 기록들에 한껏 고무되었던 이탈리아의 학자와 예술가, 건축가들은 장차 유럽 전역을 휩쓸게 될 새로운 문화조류를 창출해냈고, 비로소 유럽은 중세에서 벗어나 근세로 들어서게 되었다.

르네상스 시대 사람들이 추구했던 고전시대는 AD 5세기, 야만인들에게 로마가 함락되면서 비참한 최후를 맞았다. 로마제국의 몰락과 더불어 이탈리아의 정치적 통일도 무너졌고, 그후 1000년 동안 이탈리아는 지역주의와 부패와 무지로 얼룩진 침체의 시기로 빠져들었다. 후대의 역사가들은 이 시기를 '무어 인 중세'라고 지칭했다. 또 15세기 이탈리아 학자들은 그보다 더 극단적인 용어를 사용하여 '무어 인 암흑기'라고 표현했다.

로마 제국이 몰락한 이후 이탈리아의 몇몇 도시들은 작은 마을들을 흡수하고 주변 지역의 경제와 정치를 장악하면서 주권국가로 발전했다. 14세기 초반 베네치아, 제노바, 피렌체는 인구가 무려 10만 명(그당시 파리의 인구는 약 8만 명이었고, 런던은 약 4만 명에 불과)에 육박했다. 왕이나 군주의 통치를 받지 않는 시에나나 루카 같은 도시국가들은 시민들로 구성된 의

회에 의해 통치되는 공화국으로 발전했다. 페라라와 밀라노, 만토바는 귀족국가였고, 나폴리는 왕국이었으며, 로마는 군주국가였다. 이 국가들은 모두 철저한 독립체제였고, 권력과 영토를 확장하기 위해 주변의 국가들과 끊임없이 충돌했다. 그들은 저마다 예술과 지식의 발전을 적극적으로 후원했는데, 그 비결은 그들에게 한 가지 공통요소가 있었기 때문이다. 그것은 바로 부(富)였다.

전략적으로 지중해의 거대한 무역시장에 위치한 이탈리아는 동부와 서부를 연결하는 천혜의 관문이었다. 해안에 위치한 도시인 제노바, 피사, 베네치아는 근동지역과 교역하면서 크게 번성했다. 내륙에 위치한 도시인 피렌체와 밀라노는 이탈리아 전역과 주변국가들까지 아우르는 무역·금융의 중심지가 되었다. 철저히 독립체제로 운영되면서 엄청난 부와 경쟁력을 갖춘 이 거대한 도시국가들은 문화와 예술의 부활을 위한 이상적인 환경을 제공했다.

피렌체의 시인 단테와 페트라르카를 필두로 수많은 학자들이 수도원과 해외의 도서관들에 숨겨진 라틴 어와 그리스 어 문서들을 찾아내 예술과 고전사상을 연구하기 시작했다. 이윽고 고전시대에 대한 관심은 문학의 영역을 넘어 조각과 건축, 음악과 과학에 이르기까지 다른 여러 영역들로 확장되었다. 또 고전사상에 기반을 둔 새로운 철학이 부상하기 시작했다. 이른바 '인문주의'라고 불리던 이 철학은 신과 신학에 중점을 둔 중세의 철학과는 거리가 멀

1486
피코 델라 미란돌라가 〈인간의 존엄성에 대한 연설〉을 저술하다.

1492
알렉산데르 6세 (로드리고 보르자)가 교황으로 선출됨, 콜럼버스가 최초의 대서양 횡단 항해를 시작하다.

1494
프랑스의 샤를 8세가 이탈리아를 침공하다.

1498
사보나롤라가 처형됨, 레오나르도 다 빈치가 〈최후의 만찬〉을 완성하다.

1499
프랑스의 루이 12세가 이탈리아를 침공하다.

1499-1503
알렉산데르 6세의 아들 체사레 보르자의 부상과 몰락 시기.

1502
스페인이 나폴리를 점령하다.

었다. 인문주의자(그들도 대부분 독실한 기독교 신자들이었다)들은 지적 추론을 위한 출발점은 오직 하나일 수밖에 없다고 생각했는데, 그것은 바로 인간과 인간 능력에 대한 연구였다.

이 문화적 번영은 '무어 인 꽃의 도시' 피렌체에서 가장 화려하게 꽃을 피웠다. BC 59년 아르노 강의 좁은 수로를 따라 로마의 식민지로 건설된 피렌체는 15세기에 접어들어 토스카나 지방과 중부 이탈리아 대부분의 지역을 장악하게 되었다. 한편, 이곳은 수많은 천재들의 고향이기도 했다. 조각가 도나텔로(Donatello)와 미켈란젤로(Michelangelo), 건축가 브루넬레스키(Brunelleschi)와 알베르티, 작가 마키아벨리, 화가 마사초와 보티첼리, 다재다능한 천재 레오나르도 다 빈치가 모두 피렌체 출신이었다. 특히 피렌체는 무역과 금융으로 유명한 메디치 가의 고향이었다. 이 메디치 가는 르네상스 시대에 무려 3대에 걸쳐 수많은 예술가와 인문주의자들을 가장 적극적으로 후원한 가문이었다. 1430년대 피렌체의 인문주의자 마테오 팔미에리(Matteo Palmieri)는 이렇게 말했다. "이제 현명한 사람들이라면 모두 이 새로운 시대에 태어난 것에 대해 하나님께 감사해야 할 것이다. 희망과 가능성으로 가득한 이 시대는 지난 1,000년 동안 존재했던 것보다 훨씬 더 많은 위대한 인물들이 이미 그 축복을 누리고 있다." 이처럼 수많은 천재와 막대한 부가 합쳐지면서 전례 없는 엄청난 창조력이 발휘되었으며, 고전시대의 위대한 유산이 거의 존재하지 않는 유일한 이탈리아의 대도시인 피렌체는 세계에서 가장 화려한 문명으로 변모했다.

1503
알렉산데르 6세가 사망함, 율리우스 2세가 교황으로 선출되다.

1508-1512
미켈란젤로가 시스티나 예배당의 천장 벽화를 완성하다.

1513
레오 10세(조반니 데 메디치(Giovanni de Medici))가 교황으로 선출됨, 마키아벨리가 《군주론》을 저술하다.

1517
마르틴 루터가 95개 조항을 선포하다.

1521
마젤란의 선단이 세계일주에 성공하다.

1523
클레멘스 7세(줄리오 데 메디치)가 교황으로 선출되다.

1527
신성로마제국 군대가 로마를 점령하다.

르네상스는 이탈리아 도시국가들이 중세에서 벗어나 근대로 접어드는 전환점을 이루었다. 그들은 농업에 의존하는 경제체제와 종교에 기반을 둔 지식체계로 운영되던 세계에서 탈피하여 점차 국가와 정치, 상업과 자본주의를 자각하고, 그때까지 오직 교회에 속했던 영역을 세속적인 영역으로 전환하는 세계로 진입했다.

이탈리아는 한창 문화적 번영을 이루던 이 기간에 혹독한 정치적 시련도 겪었다. 마키아벨리는 끊임없이 분쟁을 일삼는 분열된 도시국가들이 그런 독립체제와 강력한 권력을 유지하기 위해서는 반드시 통일되어야 한다고 경고했다. 그러나 이탈리아 반도에는 이미 파벌주의가 뿌리 깊이 자리잡고 있었다. 그들은 대립과 경쟁에 익숙해 있었다. 탐욕스러운 프랑스를 비롯해 독일과 스페인의 군대가 부유한 이탈리아 반도로 시선을 돌렸을 때, 그들에게는 저항할 수 있는 능력이 거의 없었다.

16세기 초반에 이르러 이탈리아의 르네상스는 절정기를 맞이했고, 에라스무스(Erasmus)를 비롯해 뒤러(Durer), 토머스 모어 경(Sir Thomas More), 셰익스피어(Shakespeare), 세르반테스(Servantes), 몽테뉴(Montaigne) 등의 작품에서 알 수 있듯이 그 영향은 유럽 전역으로 퍼져나갔다. 다른 유럽 국가들이 막강한 군대를 이끌고 이탈리아를 향해 남쪽으로 진군했을 때, 아마도 이탈리아 인들은 그저 자신들이 이룩한 르네상스의 위대한 사상과 기조가 이런 북쪽 국가들에게 큰 감명을 주었다는 사실을 위안으로 삼았을 것이다.

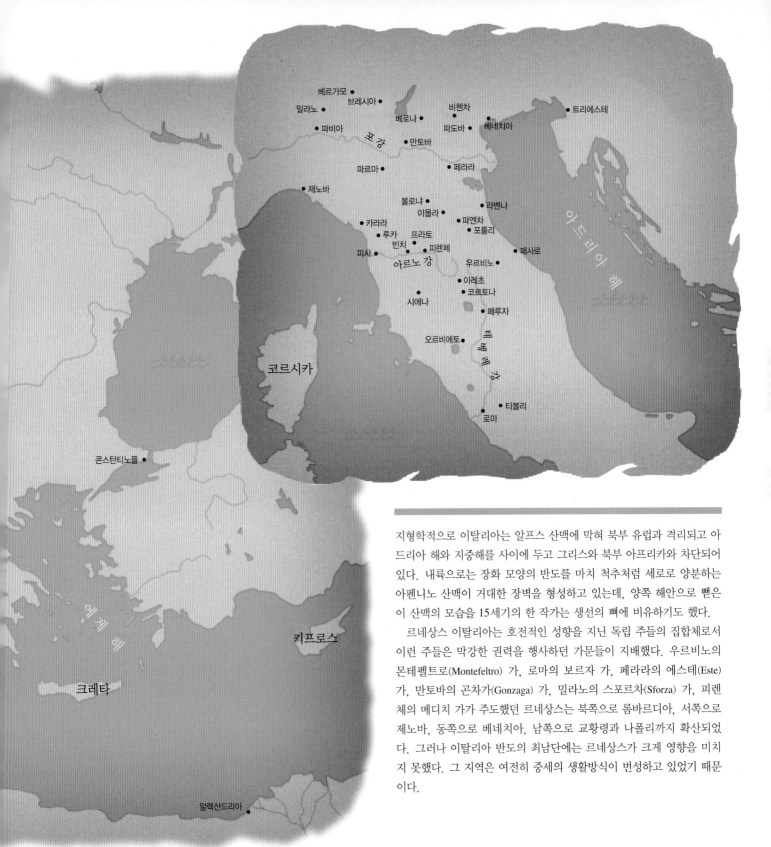

지형학적으로 이탈리아는 알프스 산맥에 막혀 북부 유럽과 격리되고 아드리아 해와 지중해를 사이에 두고 그리스와 북부 아프리카와 차단되어 있다. 내륙으로는 장화 모양의 반도를 마치 척추처럼 세로로 양분하는 아펜니노 산맥이 거대한 장벽을 형성하고 있는데, 양쪽 해안으로 뻗은 이 산맥의 모습을 15세기의 한 작가는 생선의 뼈에 비유하기도 했다.

르네상스 이탈리아는 호전적인 성향을 지닌 독립 주들의 집합체로서 이런 주들은 막강한 권력을 행사하던 가문들이 지배했다. 우르비노의 몬테펠트로(Montefeltro) 가, 로마의 보르자 가, 페라라의 에스테(Este) 가, 만토바의 곤차가(Gonzaga) 가, 밀라노의 스포르차(Sforza) 가, 피렌체의 메디치 가가 주도했던 르네상스는 북쪽으로 롬바르디아, 서쪽으로 제노바, 동쪽으로 베네치아, 남쪽으로 교황령과 나폴리까지 확산되었다. 그러나 이탈리아 반도의 최남단에는 르네상스가 크게 영향을 미치지 못했다. 그 지역은 여전히 중세의 생활방식이 번성하고 있었기 때문이다.

르네상스 이탈리아 최초의 명문가들

안드레아 만테냐가 그린 그림으로, 곤차가 가의 만토바 후작 루도비코 3세가 가족과 신하들과 함께 모여 있다. 가장 왼쪽에 그의 서기가 자리했고, 가운데 의자에 브란덴부르크 출신의 아내 바르바라가 앉아 있다. 그 주위로 자녀들과 궁전의 난쟁이가 서 있으며, 그가 앉은 의자 밑에 애견 루비노가 있다.

르네상스가 시작될 무렵 이탈리아 전역에는 작은 독립 도시국가들이 난립하고 있었다. 베네치아와 제노바, 피렌체는 정권을 장악한 몇몇 귀족가문들이 통치했고, 로마는 교황이 집권했으며, 신성로마제국과 교황령도 일부 왕가들이 지배했다.

15세기에 피렌체와 베네치아가 대도시로 군림했다면, 도시국가인 만토바, 우르비노, 밀라노도 몇몇 중요한 지식과 예술의 발전을 후원했다. 일례로, 만토바에서 곤차가 가의 프란체스코 1세는 인문주의자 비토리노 다 펠트레(Vittorino da Feltre)를 초청하여 여러 왕자들을 가르칠 학교를 세웠다. 그 학교의 졸업생들은 군대의 지휘관과 예술의 후원자로 활약했다. 밀라노 왕실은 레오나르도 다 빈치에게 그림을 그릴 수 있도록 후원했으며, 페라라의 에르콜레(Ercole) 1세는 뛰어난 인재들을 선발하여 바티칸 성가대에 버금가는 훌륭한 성가대를 조직했다.

국가를 통치하는 왕가들은 무역과 금융을 토대로 산업을 육성하고, 용병을 고용하여 막대한 부와 정치적 영향력을 획득했다. 특히 로마의 보르자 가는 교황을 배출하여 그런 혜택을 누렸다. 이런 가문들 간의 전략적 결합은 비단 군사동맹뿐만 아니라 정략결혼을 통해서도 이루어졌다. 15세기 말경에 이르러 이탈리아 최초의 명문가들은 대부분 정략결혼과 경제적 제휴를 통해 아주 복잡하고 긴밀한 유대관계를 맺었다.

초상화에서 갑옷을 입은 몬테펠트로가의 페데리고는 아들 구이도발도를 옆에 앉힌 채 교황이 하사한 우르비노 공작의 작위를 받고 있다. 그의 개인서재(아래)는 풍경과 건물과 무기를 묘사한 트롱프뢰유(회화의 한 기법으로 어떤 대상을 실제로 착각할 정도로 사실적으로 재현한 그림 - 옮긴이)로 둘러싸여 있는데, 그곳에서 그는 책을 읽거나 업무를 보았다.

우르비노와 이탈리아의 빛

페사로를 통치하던
스포르차 가 알레산드로의
딸 바티스타 스포르차는
1460년, 불과 14세의
나이에 페데리코와 결혼했다.
그녀는 아홉째 자녀이자
유일한 아들인 구이도발도를
출산한 지 6개월 만에
폐렴으로 사망했다.

우르비노의 공작 페데리고 다 몬테펠트로(Federigo da Montefeltro)는 르네상스 이탈리아 최고의
용병으로 활약하며 엄청난 재산을 축적했다. 하지만 그는 그 엄청난 재산을 사용한 방식으로 더
큰 명성을 얻었다. 그는 자신이 통치하던 작은 영지를 유럽 최고의 문화 중심지로 변모시켰다.

몬테펠트로 가의 아홉 번째 백작의 아들로 태어난 페데리코는 인접한 지역인 만토바에서 비토
리노 다 펠트레에게 고전적인 교육을 받았다. 그는 수학·음악·라틴 어를 공부했고, 춤과 승마
도 익혔으며, 예술에 대한 감각도 개발했다. 훗날 그는 스스로를 가리켜 '최고의 교육을 받았다'
고 회고할 정도였다.

이 젊은 귀족은 전쟁에도 조예가 깊었기 때문에 군지휘관으로 발탁되었다. 탁월한 외교적
수완과 공정한 성품으로 평판이 좋았던 그는 1444년 우르비노 백작이던 이부형(異父兄)
이 암살되자 시민들로부터 전폭적인 지지를 받았다. 새로운 통치자로서 페데리코는
사재를 털어 세금을 낮추고 빈민을 구제하는 한편, 학교와 병원을 건설하고 비상
식량을 비축하는 데 사용했다. 여기에 대해 베스파시아노 다 비스티치는 이런
기록을 남겼다. "그는 너무나 관대했기 때문에 모든 사람들은 마치 아이들이
부모를 사랑하듯 그를 사랑했다."

페데리코는 예술작품을 수집하고 웅장한 궁전을 건설하는 데도 상당한 재
산을 투자했다. 또 그는 유능한 음악가들과 뛰어난 노래 실력을 갖춘 소년
들로 이루어진 훌륭한 합창단을 두고 있었다. 하지만 유난히 책에 열정을
보였던 그는 최고의 도서관을 보유하겠다는 포부를 품고, 무려 30명에 달하는
필경사와 사본채식사(寫本彩飾師)를 고용하여 바티칸 도서관에 버금가는 엄청난
규모의 도서관을 건립했다. 이 도서관에 소장된 금은으로 새겨진 원고들에는 그
리스 어와 라틴 어, 히브리 어로 씌어진 수많은 고전들을 비롯해, 화려한 장식으로 수놓은
단테의 〈신곡〉과 황금으로 표지를 만든 《성경》도 포함되어 있었다.

페데리코의 문화적 유산은 아들 구이도발도에게로 고스란히 이어졌다. 구이도발도
와 만토바의 곤차가 가 출신의 아내 엘리사베타는 뛰어난 지식인들과 예술가들을
적극적으로 후원했다. 그중에는 화가 라파엘로와 작가이자 외교관 발다사레 카
스틸리오네가 있었다. 특히 카스틸리오네는 페데리코에게 '이탈리아의 빛'이
라는 찬사를 보냈다.

핀투리키오의 작품 〈부활〉로서,
화려한 보석으로 치장된 제의(祭衣)를
입은 교황 알렉산데르 6세가 무릎을
꿇고 그리스도에게 예배를 올리는 모습을
묘사하고 있다. 스페인 출신의 교황을
몹시 못마땅하게 여기던 로마 인들은
이 알렉산데르 6세가 말라리아에 걸려
72세의 나이로 사망하자 대단히 기뻐했다.

체사레 보르자(오른쪽)는 수많은
사람들에게 공포와 증오의 대상이었지만,
니콜로 마키아벨리가 〈군주론〉을
저술하는 데 상당한 영감을 준 인물이었다.
마키아벨리는 그를 '진정으로 훌륭하고
위대한 인물'이라고 언급했다. 체사레는
레오나르도 다 빈치가 고안한
여러 무기들을 사용하여 중부
이탈리아의 대부분을 장악했다.

로마의 보르자 가문

"모든 분야에 대한 지식을 갖춘 인물" – 이는 1486년 역사학자 이아코포 다 볼테라가 스페인 출신으로 바티칸의 공직자로 활동하던 로드리고 보르자에 대해 격찬한 말이었다. 알렉산데르 6세로서 11년 동안의 임기를 마칠 무렵, 교회 내부의 많은 사람들은 이 보르자 가문의 교황에게 동조했다. 하지만 그 이유는 저마다 달랐다.

1456년 로드리고의 삼촌 교황 칼릭스투스 3세는 고작 25세에 불과하던 조카를 교회로 불러들였다. 추기경과 바티칸의 부(副)상서국장을 거치며 명성을 쌓은 로드리고는 1492년, 마침내 교황으로 선출되었다. 이 선거에서 그는 자신을 지지하는 사람들에게 상당한 현금과 좋은 직위를 보장하여 손쉽게 교황의 자리를 차지했다.

이 신임교황은 재임기간에 많은 업적을 이룩했다. 로마 대학을 재건하고 바티칸의 재원을 확충했으며, 지역의 군주들에게 빼앗겼던 교황의 통치권을 회복했다. 교활한 정치가로서 수완을 발휘했던 알렉산데르 6세는 이런 사업에 필요한 재원을 충당하기 위해 교리를 무시한 채, 죽은 추기경들의 재산을 착복하고 유럽의 여러 왕들과 왕자들에게 이혼을 권유했다.

그의 아들 체사레(그는 최소한 9명의 서자를 두었다고 시인했다)는 교황의 군대를 이끌고 전투를 벌였다. 무자비한 지휘관이었던 체사레는 저항하는 사람들은 감옥에 투옥하거나 사형에 처했고, 병력으로 실패할 경우에는 배반 전술을 활용하기도 했다. 1502년 그의 군대는 우르비노 공작 구이도발도 다 몬테펠트로 가의 바티칸 군대를 포병으로 고용한 지 1주일 만에 우르비노로 진군했다.

알렉산데르 6세는 최소한 30명의 친척들에게 성직록을 나누어주었다. 심지어 그가 자리를 비우는 시기에 업무를 맡기기 위해 딸 루크레치아 보르자(Lucrezia Borgia)를 바티칸의 공직자로 임명하기까지 했다. 그 당시 그와 체사레, 루크레치아를 둘러싼 온갖 추악한 소문들(근친상간, 배신, 독살, 살인)이 나돌았다. 그러나 정작 그녀의 악행에 대한 증거가 전혀 없는 것으로 미루어볼 때, 루크레치아는 가문이 벌인 정략적 음모의 희생양이었던 듯하다.

페라라, 평화와 명성

도시국가 페라라는 전략적으로 볼로냐와 베네치아의 무역로 사이에 위치함으로써 르네상스 시대에 가장 번성하고 평화로운 지역이었다. 비록 페라라가 교황령에 속한 지역이었지만, 에스테 가는 독립국의 왕가로서 통치권을 행사했다. 니콜로 3세의 재위기간에 이 가문은 로비고, 모데나, 파르마, 레지오를 합병하고, 잠시나마 밀라노까지 진출하면서 영토확장의 절정기를 이루었다. 그는 세금을 낮추고 산업을 장려했으며, 명문학교도 설립했다. 또 1438년에는 학자들과 고위 성직자들로 구성된 위원회를 설립하여, 동서로 나뉘어 대립하던 가톨릭 교회의 분열을 해소하는 데에도 기여했다.

니콜로 3세(그는 총 30명이 넘는 자녀를 두었다)의 세 아들은 차례로 왕좌에 올랐다. 첫째 아들 레오넬로(Leonello)는 그리스 어와 라틴 어, 철학과 법률에 능통했으며, 인문주의와 예술에도 대단히 열성적이었다. 그는 여러 곳에 대중 도서관을 건립하고 대학에도 기부금을 후원하여, 유럽 전역의 뛰어난 학자들이 페라라로 모여들도록 했다. 레오넬로는 1450년에 왕위를 계승한 동생 보르소(Borso)와 달리 결코 사리사욕을 채우지 않았다. 보르소는 백성들에게 무거운 세금을 부과했을 뿐만 아니라, 대부분의 시간을 화려한 뮤지컬과 야외극, 가무를 즐기며 보냈다. 특히 시인 루도비코 아리오스토와 티토 베스파시아노 스트로치의 연극과 화가 코시모 투라와 프란체스코 델 코사의 작품을 좋아했다. 교황 피우스 2세는 그를 "다른 사람들이 좋아하든 말든 상관없이 자신이 내뱉는 말

1499년에 제작된 목판화(위)로서 페라라는 중앙에 위치한 드넓은 '천사들의 대로'가 아주 인상적인 모습을 자랑하고 있다. 이 넓은 대로의 일부는 궁전의 신하들(천사들)을 위한 산책로로 지정되었다. 이런 귀족들의 삶은 프란체스코 델 코사가 그린 벽화들에 자세히 묘사되어 있다. 아래 그림은 궁중악사들의 모습을 담은 작품이다.

을 들으면서 혼자 즐거워하는" 아주 수다스러운 인물로 평가했다. 그러나 보르소는 당당하게 페라라의 통치권을 주장했고, 교황으로부터 페라라 공작 작위까지 받았다.

니콜로 3세의 아들로서 마지막으로 왕위에 오른 에르콜레 1세는 찬송가에 대단한 애착을 가졌던 독실한 신자로, 바티칸 성가대에 버금가는 훌륭한 성가대를 두었다. 그는 예술도 적극적으로 후원했지만, 무엇보다도 '헤라클레스적인 확장'이라는 평판을 받을 만큼 영토확장에 큰 공헌을 했다. 수많은 가옥을 비롯해 궁전·교회·수도원·성벽이 건설되면서 페라라의 규모는 세 배나 확장되었고, 마침내 유럽에서 가장 근대화된 도시로 성장했다.

페라라 공작 에르콜레 1세(오른쪽)는 차가운 성품을 지녔던 탓에 백성들로부터 '북풍'이라는 별칭으로 불렸다. 그러나 아라곤 출신의 엘레오노라(위)와 결혼하면서 그의 태도는 한결 온화해졌다. 우수한 교육을 받은 그녀(그림에서 그녀는 하늘에서 내려온 손으로부터 지팡이를 전달받고 있다)는 백성들로부터 많은 존경을 받았고, 일부에서는 그녀가 오히려 남편보다도 뛰어난 행정가로 평했다.

안드레아 만테냐가 만토바 공작의
궁전에 그린 이 프레스코 화에서
곤차가 가의 3대가 도시의
변두리에서 모임을 열고 있다.
1461년 추기경에 임명된 프란체스코
(가운데)가 아버지 루도비코(왼쪽)로부터
축하 인사를 받고 있다. 전면에 서
있는 두 소년은 프란체스코의
조카들로서, 훗날 시기스몬도(왼쪽)
는 추기경에 임명되었고, 프란체스코 2세
는 후작이 되어 이사벨라
데스테를 아내로 맞았다.

| 만토바,
수많은 군주들을 배출한 명문학교

4세기에 걸쳐 만토바를 통치했던 곤차가 가는 평화로운 궁정과 군사적 수완, 예수의 피가 담겨져 있다고 알려진 성골함의 수호자로 유명했다. 그러나 이 가문의 가장 큰 업적은 인문주의자 비토리노 다 펠트레가 선생으로 지도하는 학교를 설립한 것이었다.

1425년 후작 프란체스코 1세의 초청으로 만토바에 온 비토리노는 여러 귀족가문의 자제들에게 체육·군사학·수학에서부터 미술·음악·종교에 이르는 광범위한 교육을 실시했다. 이윽고 만토바는 이 '군주들의 학교'에 입학하기를 희망하며 다른 도시들에서 몰려든 수많은 학생들로 넘쳐나게 되었다.

후작의 장남으로 이 학교 출신인 루도비코는 만토바의 발전에 크게 공헌했다. 훗날 용병 장군으로 성공을 거둔 그는 적극적인 예술의 후원자가 되었다. 그는 건축가 레온 바티스타 알베르티에게 산세바스티아노 교회와 산안드레아 교회의 설계를 위임했고, 화가 안드레아 만테냐를 만토바로 초청했다.

예술에 대한 루도비코의 열정은 훗날 그의 손자 프란체스코 2세의 아내 이사벨라 데스테에게로 이어졌다. 진귀한 서적들을 수집했던 그녀는 유일하게 예술가들이 아닌 백성들을 위해 예술작품을 수집한 최초의 귀족이었다.

국가의 지도자로서 프란체스코는 정치가보다는 군인에 가까운 인물이었다. 그런 까닭에 그는 점차 이사벨라에게 의존했다. 비록 그 가문에서 태어나지는 않았지만 이사벨라는 15세기 곤차가 가의 가장 유력한 인물이었다. 그녀는 탁월한 능력으로 남편 가문의 세력을 유지하는 데 결정적인 역할을 담당했다.

후작부인 아사벨라 데스테(이 초상화는 그녀가 결혼할 무렵인 16세 전후에 그려졌다)는 예술에 깊은 애정을 가졌다. 그녀는 위 그림에 있는 마드리갈(14세기에 북부 이탈리아에서 시작된 실내 성악곡—옮긴이)을 직접 작사·작곡했다고 알려졌는데, 이 곡은 "뿌리가 시들면서 내 가지들이 떨어진다"는 가사로 시작한다.

오른쪽 그림에서 군복을 입고 있는 곤차가 가의 프란체스코 2세는 1509년 베네치아 군대의 포로가 되었다. 그는 아내 이사벨라의 도움으로 석방된 후 매독에 감염되었다. 그녀는 남편이 사망한 후 10년 동안 만토바를 통치했다.

밀라노, 부와 권력

밀라노는 비스콘티 가문의 치하에서 산업이 크게 번창했다. 1423년 무기와 옷감의 제조를 통해 거둔 수입은 금화 1,200만 플로린(중세 이탈리아에서 통용되던 화폐-옮긴이)으로 그 액수는 베네치아나 피렌체의 수입을 훨씬 능가하는 수준이었다. 그러나 1450년 필리포 마리아 비스콘티 공작이 후계자를 남기지 못한 채 사망하면서 이 왕조는 사라지고 말았다. 그의 사후에 용병 장군으로 필리포 마리아의 딸과 결혼한 프란체스코 스포르차가 비스콘티 가의 영지를 차지했다.

프란체스코는 교황 피우스 2세로부터 "육체적·지적 능력을 두루 겸비한 당대 최고의 인물"이라는 찬사를 받았다. 그는 밀라노의 산업과 무역의 영역을 확장하고, 새로운 농지에 물을 공급하기 위한 수로를 건설했다. 또 시내에 큰 병원을 설립했고, 밀라노 성당을 완공했으며, 인문주의자들을 신하로 등용했다. 그의 치하에서 밀라노는 북부 이탈리아 최강의 군사력을 갖춘 국가로 성장했다.

1466년 프란체스코가 세상을 떠나자 장남 갈레아초가 그 자리를 물려받았다. 아버지와 달리 갈레아초는 잔인하고 방탕한 인물로 악명을 떨쳤고, 그로 인해 결국 암살당하는 비참한 최후를 맞았다. 갈레아초의 아들은 후계자가 되기에 너무 어렸기 때문에, 그의 동생 루도비코가 섭정을 하게 되었다.

검은 피부에 무어 인 같은 외모를 가진 탓에 '일 모로(Il Moro)'라는 별칭을 지닌 루도비코는 실험적인 농장을 운영하고 가축 사육장을 건설하는 등 밀라노를 더욱 번창하게 만들었다. 수많은 애인을 거느렸던 그는 39세에 젊은 베아트리체 데스테를 아내로 맞이했다. 그러나 베아트리체는 도무지 만족할 줄 모르는 사치와 허영에 물든 여성이었다. 루도비코와 결혼한 직후 그녀는 보석과 황금으로 장식된 드레스를 무려 84벌이나 주문했다. 심지어 궁전에서 여흥을 즐기기 위한 목적으로 레오나르도 다 빈치에게 여러 기계장치들과 수학 퍼즐들을 고안하라고 지시할 정도였다.

결혼한 지 불과 몇 년 만에 루도비코는 궁전의 아름다운 한 여인과 사랑에 빠졌다. 그 당시 임신 중이던 베아트리체는 이런 남편의 불미스러운 행실을 묵과하려고 노력했다. 그러던 어느 날 저녁이었다. 그녀는 무도회에서 밤늦게까지 춤추고 난 후 갑자기

프란체스코 스포르차(위)는 밀라노 공작에 대한 충성심을 입증하기 위해 그의 딸 비앙카 마리아 비스콘티(아래)와 결혼했다. 그로부터 6년 후 밀라노 공작이 후계자 없이 세상을 떠났을 때, 프란체스코는 공작령의 통치권을 차지했다.

서로 마주보며 무릎을 꿇고 있는 루도비코 스포르차와 그의 아내 베아트리체가 두 아들을 성모 마리아와 아기 예수 앞에 바치고 있다. 1497년 베아트리체는 세 번째 자녀를 사산하고 세상을 떠났다. 아름다운 여성을 좋아했던 루도비코는 체칠리아 갈레라니(아래 그림은 레오나르도 다 빈치가 그녀의 모습을 묘사한 작품으로 〈흰 담비를 안은 여인〉이라는 제목으로 알려졌다)를 비롯해 수많은 애인을 두었다. 시인이자 예술의 후원자이며 공작의 애인이던 체칠리아는 1491년 루도비코가 그녀를 자신의 곁으로 불러들이면서 궁전에서 살게 되었다.

병에 걸려 쓰러졌고, 결국 사산아를 출산하고는 몇 시간 만에 세상을 떠났다. 그때 그녀의 나이는 고작 22세였다.

극심한 죄책감에 사로잡힌 루도비코는 절망에서 헤어나지 못했다. 얼마 후 이탈리아는 프랑스의 침공을 받았고, 밀라노는 맥없이 함락되고 말았다. 1508년 루도비코는 프랑스의 한 지하감옥에서 쓸쓸한 최후를 맞았다.

1 :: 르네상스의 여인들

가족. 그것은 알레산드라 스트로치(Alessandra Strozzi)의 인생에서 가장 소중한 것이자, 그녀가 가장 많은 시간을 할애하고 가장 많이 걱정하는 것이었다. 은 접시에서 아몬드를 집어먹으면서 그녀는 초조한 듯 잉크 병 가장자리를 펜으로 톡톡 두드리며 큰아들 필리포에게 편지를 쓸 채비를 갖추었다. 그녀는 깊은 한숨을 내쉬었다. '만약 장성한 세 아들이 이곳 피렌체에 남아 홀로 된 내 곁에 있었다면 모든 일들이 훨씬 수월했을 텐데.' 그러나 큰아들 필리포와 막내아들 마테오(이제 20대 초반에 접어들었지만 어머니의 마음 깊은 곳에서 그는 여전히 어린아이에 불과했다)는 나폴리에 머물고 있었다. 그곳에 은행과 의류창고를 세운 필리포가 막내동생과 함께 일하고 있었던 것이다. 그리고 그녀의 둘째 아들 로렌초는 광대한 스트로치 무역제국의 또 다른 중심지인 플랑드르의 브뤼헤에 머물고 있었다.

상인 집안에서 태어나 상인 집안으로 시집간 알레산드라는 세 아들이 단지 사업상 멀리 떠났다면 그토록 상심하지 않았을 것이다. 그들은 사업적 이유보다 정치적 이유 때문에 부득이 머나먼 타향에 머물 수밖에 없었다. 그들에게 크나큰 불운이라면, 피렌체에서 절대권력을 행사하던 메디치 가에 버금가

초상화는 르네상스 시대에 유행하던 회화의 한 형태였지만, 프라 필리포 리피의 작품 〈창문 사이의 남녀〉는 한 가정을 배경으로 설정했다는 점에서 대단히 이채롭다. 화려한 옷차림을 한 여인의 모습을 감안하면, 이 작품은 결혼식이나 후계자가 될 아들의 탄생과 같은 특별한 행사를 기념하기 위해 제작되었을 가능성이 높다.

는 명문가의 일원이라는 것이었다. 더욱이 스트로치 가는 상당한 권력을 행사했을 뿐만 아니라, 정치적으로 메디치 가와 대립하는 파벌에 속해 있었다.

한 세대 이상의 세월이 흐르는 동안 이 적대적인 두 가문 사이에는 좋은 감정이 거의 남아 있지 않았다. 과거 1434년 메디치 일가가 피렌체의 권력을 장악했을 때, 그들은 자신들에게 위협이 될 수도 있는 스트로치 가 사람들을 모두 추방했다. 이때 알레산드라의 남편 마테오도 이 숙청작업의 희생양이 되고 말았다. 그녀는 남편을 따라 7명의 자녀를 이끌고 아드리아 해 연안에 위치한 페사로에 정착했다. 그러나 해안에 인접한 이 척박한 습지로 이주한 지 불과 1년 만에 마테오와 3명의 자녀들이 역병에 걸려 죽고 말았다. 당시 임신 중이던 알레산드라는 사내아이를 출산했는데, 그 아이는 죽은 아버지의

1500년경 의류공장의 모습을 묘사한 이 그림에서 재단사들이 옷걸이에 걸린 여러 옷들과 같은 의복을 만들기 위해 옷감의 치수를 확인하며 재단하고 있다. 피렌체의 모직물은 유럽에서 최고의 품질을 자랑했는데, 부유한 자본가들과 상인들로부터 가난한 방적공, 소모공(梳毛工), 염색공에 이르기까지 도시에 거주하는 사람들 대부분이 이런 모직 의류를 입었다.

이름을 따서 세례명을 지었다.

추방된 남자의 아내와 자녀들은 법적 · 관습적 측면에서 반드시 그와 똑같은 처벌을 받는 것은 아니었다. 따라서 마테오가 사망한 후 알레산드라는 살아남은 자녀들과 함께 피렌체로 돌아왔다. 그러나 메디치 가는 여전히 과거의 좋지 않았던 기억을 품고 있었다. 알레산드라가 이 편지를 쓰기 불과 몇 주 전 피렌체 정부는 그녀의 두 아들에게 추방령을 내렸다. 이제 성인이 된 필리포와 로렌초는 과거에 너무나 부당한 대우를 받았던 아버지를 거의 기억하지 못했다.

1459년 겨울의 어느 날 오후, 알레산드라는 무척 예민한 데다 기분도 좋지 않았다. 그녀는 2월을 무척 싫어했다. 그 시기에는 아르노 강에 안개가 끼고 피렌체 거리에 축축한 습기가 스며들기 때문이었다. 사실 큰아들 필리포에게 보낼 편지를 쓰는 것조차 힘겨웠다. 하지만 그녀는 수시로 아이들을 생각할 때마다 이 신성한 의무를 게을리하지 않았다. 그녀는 항상 미사에 빠지지 않고 참석했으며, 매달 집안의 소식과 집안의 재정 및 조언이 될 만한 내용들을 편지에 담아 보냈다. 알레산드라는 지난날 어머니 옆에서 어깨 너머로 배운 미숙한 필체로나마 이런 편지들을 썼다. 그녀의 서체는 인문주의자 스승에게서 교육받은 귀족 자제들에게는 결코 우아해 보이지 않았을 것이다. 그러나 편지를 읽는 아들이 그 내용을 이해하는 데는 전혀 문제가 되지 않았다.

알레산드라는 접시에서 아몬드 한 개를 더 집어들고 큰아들 필리포에게 기운을 북돋아줄 내용을 쓰기 위해 다시 고개를 숙였다. "네가 하고 있는 일을 지켜보며 이 어미는 위안을 받고 있단다. 여기서 우리가 거들어줄 것이 하나도 없는 걸 보니, 네가 아주 현명한 결정을 하고 있는 것 같구나." 그 당시

대체로 공장에서 일하던 직조공들은 봉급을 받는 대신 이 사진에 있는 것(16세기 초반에 사용되었다)과 유사한 형태의 베틀을 구입하거나 임대했다.

29

상황은 훨씬 심각해질 수도 있었다. 사실 최근에 그녀는 피렌체 정부로부터 반가운 소식을 전해들었다. 국외로 추방된 사람들이 피렌체에 가까운 지역으로 들어오는 것이 허용된다는 내용이었다. "그들이 제한범위를 80km까지 완화했단다." 더욱이 그녀는 이제 일일이 검열을 받지 않고 아들과 편지를 주고받을 수 있게 되었다.

그러나 알레산드라는 여전히 필리포에게 편지를 보낼 때는 경계를 늦추지 말라고 주의를 주었다. "내 생각에 우리가 보내는 편지들은 똑같이 취급되고 있을 거다. 나는 봉인이 뜯기지 않은 편지를 받은 적이 거의 없단다. 하지만 도대체 누가 이런 짓을 하는지 알 수 없구나." 그녀는 이런 사실을 애써 설명할 필요가 없었다. 정부는 언제나 추방된 사람들이 고향에 연락하는 것을 의심했기 때문이다. "그러니 믿을 만한 사람을 통해 전달하지 않는 한, 중요한 내용은 절대로 편지를 써서 보내지 마라. 나도 그렇게 할 테니 말이다."

평소처럼 그녀는 아들에게 열심히 일하라고 당부하면서 아들을 고용해준 스트로치 가문의 사촌에게 안부를 전하라는 말도 잊지 않았다. 몇 해 전 그는 아버지를 잃은 필리포를 받아들인 후 뛰어난 사업가에게 필요한 모든 사항들을 가르쳤다. "부디 네 처지를 잘 판단하고 니콜로가 가르치는 것들을 잘 배워서 그에 따라 행동해야 한다. 내가 이런 말을 하는 것은 너를 진정 사랑하기 때문이다. 너는 아버지나 어머니보다 니콜로에게 더 감사해야 한다." 비록 확신할 수는 없었지만 알레산드라는 사촌 니콜로도 필리포에게 감사할 것이라고 믿었다. 그 당시 관습에 의하면, 사망한 남자의 가까운 친척은 고인에 대한 존경의 표시로 고아가 된 그의 아들을 양육해야 했다.

알레산드라는 책을 많이 읽는 편은 아니었다. 그러나 당시 피렌체의 유명한 인문주의자 레온 바티스타 알베르티의 사상은 이해하고 있었다. 그는 저서 《가족에 관하여》에서 아버지가 없는 아이들의 친척들

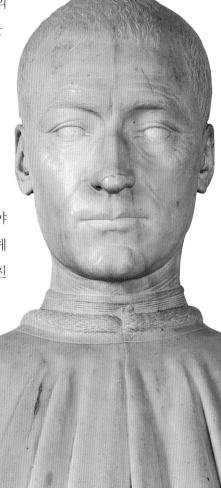

상인이자 은행가였던 필리포 스트로치는 그의 어머니가 기대했던 것보다 훨씬 뛰어난 사업수완을 발휘하여 엄청난 대부호가 되었다. 그는 1434년, 막강한 메디치 가에 의해 스트로치 가가 피렌체에서 추방된 후 나폴리에서 자신의 금융제국을 건설했다.

화려한 장식이 들어간 수학 입문서로서, 사업상 날마다 계산해야 하는 상인들이나 무역업자들이 사용하던 것이다. 왼쪽 페이지는 곱셈표이고, 오른쪽 페이지는 피렌체에서 통용되던 화폐들에 대한 환전표이다. 대체로 상인계층의 자녀(아들)들은 문법과 기하학, 라틴 어를 가르치는 전통적인 교육과정을 마치는 13세부터 실질적인 사업수련을 받았다.

에게 그 아이들이 선량한 사람으로 성장할 수 있도록 마치 친자식처럼 최선을 다해 교육하고 보호해야 한다고 주장했다.

그러나 모든 가정에 이처럼 훌륭한 친척들이 있는 것은 아니었다. 만약 사촌 니콜로가 진심으로 돕지 않았다면, 마테오의 미망인과 자녀들은 경제적으로 절망적인 상태에 빠졌을 것이다. 귀족계층인 알레산드라에게는 어떤 직종이든 직장을 구한다는 것 자체가 상상조차 할 수 없는 일이었다. 다행히 그녀는 고인이 된 남편이 소유했던 시골의 토지를 유산으로 물려받아서, 토지 임대료와 그곳에서 생산한 포도주를 판매하여 어느 정도 수입을 거둘 수 있었다. 그리고 그 수입은 대부분 세 아들에게 사용되었다.

알레산드라는 자신이 이처럼 헌신적인 어머니라는 사실을 세 아들에게 이

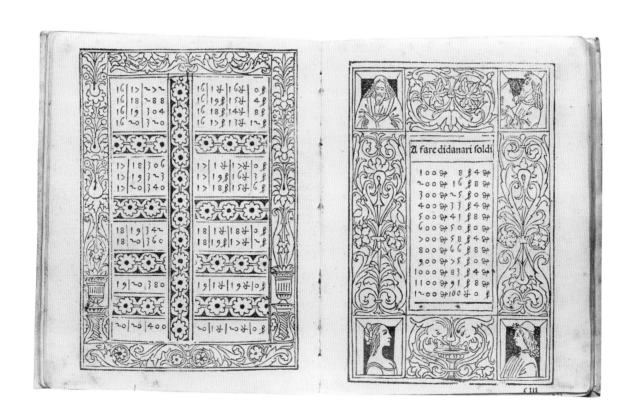

야기하지 않았다. 남편 마테오를 잃었을 때 그녀의 나이는 불과 28세였다. 그 당시 젊은 미망인들은 대부분 재혼하여 새로운 가정을 꾸렸다. 그러나 알레산드라는 자녀들을 재혼한 남편의 집에서 의붓자식으로 키우고 싶지 않았다. 큰아들 필리포와 2명의 동생들을 위해 그녀는 다른 낯선 남자의 아내가 아닌 스트로치 가의 미망인으로 살아가기로 결심했다.

자신의 의무를 잘 알고 있던 알레산드라는 집안의 재정에 항상 세심한 주의를 기울였다. 그녀는 상인 집안의 딸에 걸맞게 다른 남자 친척들 못지않게 계산에 밝았다. 간단한 이윤·손실·이자를 계산할 수 있었을 뿐만 아니라, 복잡한 복식기장법도 처리할 수 있었다.

알레산드라는 아들이 나폴리의 사무실에서 원장을 읽는 모습을 상상하면서 애처로운 미소를 지었다. 필리포는 어린 시절에 경솔한 모습을 보였다. 그녀는 아들에게 방탕한 생활을 하지 말라는 당부의 편지를 몇 차례 보냈다. "내가 듣자니 너는 한푼이라도 저축하기보다는 여기저기 돈을 쓰는 걸 좋아한다고 하더구나." 하지만 그녀는 이제 아들이 확실히 좋아지고 있다고 여기면서 조용히 성호를 긋고 하늘에 감사의 기도를 올렸다.

이윽고 알레산드라는 아들이 앓고 있는 만성적인 소화불량과 같은 사소한 문제들에 관심을 돌렸다. "내가 약초들을 단지에 담아 보낼 테지만, 네 위장에 가장 좋은 약은 네가 스스로 음식을 잘 가려서 먹는 거란다."

그녀는 또다시 접시에 담긴 아몬드 한 개를 집어들면서 아들이 나폴리에서 아몬드 한 자루와 사탕 세 단지, 조미료로 사용되는 서양 풍조목(風鳥木) 여러 묶음과 리넨 실을 뽑아 쓸 수 있는 아마 16kg을 보냈던 기억을 떠올렸다. "네가 이 어머니를 생각해주다니 정말 기특하구나. 요즘에 나는 사려 깊은 네가 너무나 필요하단다. 하지만 그보다도 네가 더 가까이 있었으면 좋겠구나."

그 짐들은 버드나무 수레에 담겨진 채 파빌라는 이름의 밀사를 통해 배달되었다. 그런데 그는 이미 나폴리에서 필리포에게 상당한 돈을 받았음에도 불구하고, 피렌체에 도착해서 알렉산드라에게 더 많은 돈을 요구했다. 알레산드라는 그를 잘 알고 있었기 때문에 전혀 망설이지 않았다. 하지만 그녀는 아들이 장부에 기록할 수 있도록 그 내역을 빠짐없이 편지에 적어넣었다. "파빌라가 요구하기에 내가 그 자리에서 4솔도를 주었다. 또 나중에는 3리라 2솔도를 더 달라고 하더구나. 아직 그 돈은 지불하지 않았다."

알레산드라는 이 내용을 적으면서 자신이 시급히 처리해야 할 다른 일이 있다는 사실을 떠올렸다. 이제 펜을 내려놓아야 할 시간이었다. 그녀는 마지막으로 약속의 말과 함께 경건한 기도로 편지를 마무리했다. "여기서 일어나는 일들은 내가 모두 알려주마. 이제 더 적을 말이 없구나. 니콜로에게 안부를 전해주고 마테오를 잘 돌봐주어라. 하나님께서 항상 너를 무사히 지켜주실 거다. 피렌체에서 어머니 알레산드라가."

그녀는 쌀쌀한 날씨에 대비해 두꺼운 양모 망토를 두르고 세금을 납부하기 위해 피곤한 몸을 이끌고 나섰다. 항상 더 많은 수입을 거두기 위해 혈안이던 피렌체 정부는 가혹할 정도로 귀족들의 재산을 쥐어짰냈다. 알레산드라는 세금을 적게 내기 위해 신발 한 켤레가 거의 다 닳을 정도로 부지런히 여러 관공서를 드나들었다. 오늘은 바로 그 세금에 대한 납부기한의 마지막 날이었다.

하찮은 세금 문제로 분주히 돌아다니면서 그녀는 몰락한 가문의 비애를 뼈저리게 느꼈다. 그녀와 비슷한 계층의 귀부인들은 미사에 참여하는 경우를 제외하면 좀처럼 사람들 앞에 모습을 드러내지 않았다. 그나마도 하녀들에게 둘러싸인 채 시선은 항상 아래로 향했다. '남편이 살아 있거나 세 아들이 이곳에만 있었어도!' 그들이라면 당당하게 관공서에 가서 얼빠진 공무원들과 협상했을 것이다. 그동안 그녀는 대저택에서 편안히 바느질이나 하면서 기다리면 될 터였다.

알레산드라는 번잡한 거리를 지나가며 한 가지 위안거리로 마음을 달랬다. 다른 여자들의 옷차림을 구경하는 것은 언제나 즐거운 일이었다. 그녀는 자신보다 더 세련된 망토를 입은 여자가 눈에 띄지 않아서 기분이 좋았다. 스트로치 가는 양모상인 길드에 속한 가문들 중에서도 손꼽히는 가문이었다. 유행에 뒤지지 않는 옷차림을 할 수 있다는 것은 그녀가 자부심을 느낄 만한 일이었다.

비록 명문가는 아니지만 알레산드라는 귀족혈통인 마칭기(Macinghi) 가문에서 태어났다. 그들은 산타마리아 노벨라 교회 인근지역에서 상당한 세력을 유지하고 있었다. 가문의 친척들은 알레산드라와 마테오 스트로치가 서로에게 결혼상대로 적절하다고 생각했다. 정치적으로 유용한 동맹관계가 성립될 뿐만 아니라, 그 지역에서 사회적 지위도 상승할 수 있었기 때문이다.

여러 해가 지나 이제 성인이 된 다섯 남매의 어머니로 중년에 접어든 알레산드라는 인생에서 결혼만큼 어려운 일은 없다는 사실을 깨달았다. 실제로 선(腺)페스트가 횡행하고 끔찍한 흉년이 들었던 어떤 해에 그녀는 너무나 슬퍼했다. "전염병이 돌면 결혼하기 힘들어지기 때문에 젊은 여자들에게 전염병은 더없이 가혹한 형벌이다."

결혼생활에서 귀족여인들은 두 가지 역할을 담당했다. 젊은 시절에는 그저 순종하는 아내가 되어 남편이 원하는 후계자를 출산하는 일에 충실해야 했다. 그리고 나이가 들면 어쩔 수 없이 자녀들의 배우자를 찾는 일에 관심을 가져야 했다. 하지만 이 시기에도 아내들은 그 역할을 신중히 수행했다. 공식적으로 결혼은 집안의 가장이 결정하는 일이었기 때문이다. 또 아들은 아내를 맞이할 때 대부분 아버지에게 의존했다. 가족의 경제적·사회적 이익은 감성적 성향보다 우선되었기 때문이다.

여자들은 비교적 이른 나이인 14세에 결혼하기 시작했다. 18세가 되도록 약혼이나 결혼을 하지 못한 여자들은 자신의 삶은 버림받았다고 생각했다.

| 르네상스 도시의 가정 |

14세기 중반에 건설된 다반차티 궁전은 피렌체의 부유한 가문이 소유한 전형적인 대저택이었다. 상당히 높지만 폭이 좁고 햇빛이 잘 들지 않는 이 건물은 건축사로 볼 때 그 조상에 해당되는 중세의 탑이 지닌 요새의 특성을 일부 포함하고 있다. 그러나 다소 음침해 보이는 정면의 모습과는 달리 건물의 내부는 피렌체 귀족의 저택에 걸맞게 화려한 장식에 호화로운 가구, 진귀한 골동품과 예술작품들로 가득했다.

다른 귀족들의 저택과 마찬가지로 다반차티 궁전의 1층도 가족의 영지로부터 거두어들이는 생산품을 저장하는 창고로 사용되었다. 만약 다반차티가 상인이었다면 그곳은 사무실로 쓰였을 것이다. 실내정원 주위에는 햇빛이 잘 들고 통풍도 잘되는 방들이 있었다. 건물의 2층은 가장이 거주하는 공간이었다. 그리고 3층부터는 아들이 살았는데, 그들은 결혼한 후에도 분가하지 않았다. 다반차티 궁전의 가장 큰 자랑거리는 옥상에 마련된 널찍한 주랑(柱廊)이다. 차양이 쳐진 이 발코니에서는 신선한 공기를 마시며 아름다운 피렌체 시내와 토스카나 지방의 전경을 내려다볼 수 있었다. ✲

다반차티 궁전 1층의 투박한 모습은 이 저택이 마치 요새와 같은 외관으로 느껴지게 한다. 건물의 전면에 장식된 다반차티 가문의 문장(紋章)이 매우 인상적이다.

가장이 거주하는 2층에
마련된 응접실은 건물
전면과 마주하고 있어서
직접 거리를 내려다볼 수
있다. 연회와 모임 같은
모든 가족행사는 우아한
장식품들로 가득한 이
넓은 응접실에서 열렸다.

집 안에 연기와 냄새가
스며들지 않도록 위층에
마련된 부엌에는 조리용
화로와 식탁을 비롯한 온갖
조리기구들이 갖춰져 있다.
또 한쪽에는 방적기, 베틀,
재봉틀 같은 여러 기구들도 있다.

응접실 옆에는 '앵무새들의 방'으로
알려진 식당이 있다. 이곳은 새들을
주제로 한 트롱프뢰유 프레스코 화로
장식되었는데, 이 벽화들은 마치 벽면에
태피스트리를 걸어놓은 듯한 느낌을 준다.

저택의 뒤편에 위치한 침실들에는
그 당시의 가구들과 벽장식이 고스란히
보존되어 있다. 바로 옆 곁방에는
경사진 수로가 설치된 화장실이 있다.

이런 경우에 유일한 선택은 수녀원에 들어가 수녀로 살아가는 것뿐이었다. 반면, 젊은 남자들은 30대가 되어 부모의 성화를 견디다 못해 결혼할 때까지는 실컷 방탕한 생활을 즐길 수 있었다.

1447년 알레산드라는 큰딸 카테리나와 어울리는 남편감을 찾았다. 그 당시 신부 카테리나는 16세였고, 남편 마르코 파렌티는 25세였다. 두 가문은 이 결혼을 통해 서로가 더욱 번성하게 될 것이라며 축하했다. 신랑의 가문은 신부의 가문만큼 유서 깊지도 않았고 고귀한 혈통도 아니었다. 그러나 스트로치 가는 정치적·경제적으로 수난을 겪고 있었던 터라 자신들보다 못한 가문이라도 기꺼이 받아들일 수 있었다.

알레산드라는 오직 사위의 장점만을 생각했다. 두 사람이 약혼할 당시 그

황금으로 도금한 이 보관함은 아폴로니오 디 조반니가 제작한 것으로 마상경기 장면을 섬세하게 묘사했다. 이런 상자들에는 온갖 보석과 옷감과 같은 혼수가 담기는데, 대체로 신부의 아버지가 결혼 지참금의 일부로 마련하는 경우가 많았다. 보통 길이가 1~2.5m에 이르는 이런 보관함은 르네상스 시대 장식미술에서 상당히 두각을 나타낸 분야였다.

녀가 필리포에게 보낸 편지에는 이런 내용이 적혀 있었다. "그는 유능하고 예의바른 젊은이란다. 또 외아들인데다 재산도 상당히 많단다." 마르코는 실크 공장을 소유했고, 그의 아버지는 최근에 피렌체 정부의 관직을 지냈다. 따라서 그들이 아주 볼품없는 집안은 아니었다.

다행히 파렌티 가는 결혼 지참금으로는 다소 부족한 듯한 은화 1,000플로린에 해당하는 금액만을 받는 데 동의했다. 먼저 은화 500플로린에 해당하는 현금과 보석들은 결혼식 당일에 전달하고, 나머지는 추후에 카테리나의 명의로 가입한 결혼 지참금 기금에서 지불하기로 결정했다. 더 나은 귀족가문의 신랑을 맞이하려면 알레산드라는 적어도 은화 500플로린을 더 준비해야 했다. 하지만 그 방법이 결코 딸의 행복을 보장하는 것은 아니었다.

마르코는 어린 신부에게 대단히 만족하는 듯했다. 그는 신부에게 값비싼 선물을 아낌없이 주었다. 그 선물들을 떠올리기만 해도 알레산드라는 벌어진 입이 다물어지지 않았다. 마르코의 공장에서 직접 짜낸 실크 – '피렌체에서 가장 아름다운 옷감' – 로 만든 진홍색 벨벳 가운과 화려한 진주로 장식한 장밋빛 가운은 물론, 아름다운 깃털로 장식하고 진주를 드리운 화관 모양의 머리 장신구는 누구나 탐낼 만한 것이었다. 마르코는 카테리나가 이 모든 선물을 받을 자격이 있다고 말했다. 그의 눈에는 그녀가 피렌체에서 가장 사랑스러운 여성이었기 때문이다.

알레산드라는 이 신혼부부의 행복을 위해 기도했다. 하지만 그 간절한 마음에는 한계가 있었다. 결혼식을 올린 후 카테리나는 곧바로 임신했고, 알레산드라는 결혼 지참금의 절반이 정부기금에 남아 있다는 사실을 생각했다. 그녀는 특유의 섬세한 감정을 담아 이렇게 표현했다. "만약 하나님께서 카테리나에게 다른 운명을 내리려 하신다면 어떻게 해야 할까?" 큰아들 필리포에게 보내는 편지에서 그녀는 임신 중이나 출산 중에 사망하는 경우에 발생할 수도 있는 손실에 대해 이야기했다. "우리는 정부기금에 있는 은화 500플로

린을 잃지 않도록 만약의 사태에 대비해 보험을 들어야 할 것 같구나. 자칫
소중한 딸도 잃고 돈도 잃을지 모르니까 말이다.”

　알레산드라는 사위와도 이런 보험에 대한 대화를 나누었다. 하지만 그는
불필요한 지출이라고 생각했다. 더욱이 산모는 아주 건강해 보였다. 결국 알
레산드라는 정부기금에 투자한 돈을 지키는 일은 파렌티 가의 사위가 아닌
스트로치 가에서 해결해야 한다고 결심했다. 그녀는 마르코에게 알리지 않고
서둘러 보험을 신청했다. 이제 그녀는 카테리나가 ‘육신과 영혼 모두 건강하
게’ 무사히 출산을 마치기를 간절히 기도했다.

그녀의 기도는 효과가 있었다. 1450년 2월 카테리나는 아들을 출산했다. 비록 보험에 대한 문제로 불화가 있었지만, 사위 마르코는 장모와 좋은 관계를 이어갔다. 이제 그는 세 아들과 떨어져 살고 있는 장모를 위해 많은 일들을 도우면서 그녀의 아들 노릇을 해야만 했다.

알레산드라는 1451년에 둘째 딸 레산드라(Lessandra)와 결혼한 조반니 디 도나토 본시(Giovanni di Donato Bonsi)도 좋아했다. 그녀는 큰아들에게 보내는 편지에 이렇게 적었다. "그는 성품도 좋고 행실도 바른 젊은이란다. 그리고 장점이 아주 많아서 내 마음에 쏙 드는구나." 그러나 이런 수많은 장점－게다가 그는 결혼 지참금으로 은화 1,000플로린에 해당하는 금품만을 받는 데 흔쾌히 동의했다－에도 불구하고, 사업가로서 조반니의 능력은 올바른 품성에 훨씬 미치지 못했다.

이 부부는 생활고에 시달리던 나머지 결국 알레산드라의 집으로 들어와 살게 되었다. 남편의 빚이 감당할 수 없을 정도로 많아지자 레산드라는 쓸데없는 체면 따위에 얽매이지 않았다. 낡은 속치마를 버리고 새것을 살 수 없었던 그녀는 속치마 위로 느슨하고 헐렁한 치마를 입어 그 속에 감춰진 누더기가 드러나지 않도록 했다.

알레산드라는 편지에 이렇게 적었다. "둘째 사위는 자신의 사업에 대한 이야기를 많이 하지 않는단다. 나는 조반니가 이따금 몇 벌 안되는 옷을 전당포에 맡긴다는 걸 알고 있는데, 아마도 수치스러웠는지 내게는 그 사실을 숨기더구나." 알레산드라와 맏사위 마르코는 조반니가 다시 일어설 수 있도록 최선을 다해 도와주었다.

이처럼 그녀는 딸에게도 지극한 정성을 쏟았지만, 세 아들을 생각하는 마음과는 비교할 수조차 없었다. 막내아들 마테오가 필리포 밑에서 사업을 배우기 위해 집을 떠났을 때 그녀는 가만히 앉아서 슬퍼하지만은 않았다. "내가 정말 마테오 없이 살아갈 수 있을지 모르겠구나. 내가 마테오를 그토록

결혼의 결실

15세기에 제작된 이 쟁반에는 이제 갓 아이를 출산한 여인이 침대 위에 누워 있고, 보모들이 신생아를 포대기에 감싸는 동안, 다른 여자 방문객들이 수녀 2명의 안내를 받아 방으로 들어오는 모습이 묘사되어 있다. 이 쟁반은 장차 후계자로 삼을 아들이 태어난 것을 기념하기 위해 만든 것이다.

전령들이 아들의 출산을 알리면, 친척 남자들(그들은 방 안으로 들어갈 수 없었다)은 이런 쟁반과 같은 값비싼 축하선물을 가져왔다. 그들에게 아들의 출산은 가장 중요한 역할로 간주되었기 때문이다. 그러나 출산이 언제나 환희와 기쁨을 가져다주는 것은 아니었다. 만약 딸을 출산하는 경우에는 쟁반과 같은 기념물을 제작하지 않았다. 더욱이 피렌체 여성 10명 가운데 1명은 출산 도중에 목숨을 잃었다.

피렌체의 아이들은 '작은 부 엉이 놀이'를 즐겨했다. 한쪽 발로 술래의 발을 밟은 채 술 래를 피하는 이 놀이는 그 당 시 아이들 사이에서 큰 인기를 끌었다.

사랑하는 이유는 그 아이가 아버지를 너무 많 이 닮았기 때문이란다."

그러나 알레산드라는 훨씬 더 큰 고통을 겪 게 되었다. 1459년 8월, 나폴리에서 그녀의 소중한 막내아들 마테오가 말라리아에 걸려 사망했다는 소식이 날아들었다. 세상을 모두 잃은 듯한 슬픔에 빠진 알레산드라는 결국 종 교에서 위안을 찾았다. 그녀는 아주 독실한 신 자가 되었고, 한 번도 빠짐없이 미사에 참석했 다. 하지만 그저 가볍게 산보를 나서는 마음으 로 미사에 참석한 것은 아니었다. 그녀는 끔찍 한 지옥의 고통으로부터 신앙이 자신을 구원 해줄 거라는 사실을 알고 있었기 때문이다.

대부분의 피렌체 시민들처럼 알레산드라도 성보(聖寶)와 성화(聖畵)를 숭배 했으며, 성자를 기념하는 축제에 열성적으로 참여했다. 심지어 질병을 앓을 때조차 사순절의 관습을 엄격히 지켰다. 그녀는 아들에게도 자신들의 영혼을 위해 항상 선행을 베풀라고 당부했다. 이런 그녀의 신념은 한 친구가 병석에 서 쾌유한 것이 평소 그가 베푼 선행에 대한 하늘의 보상이라고 믿을 정도로 아주 확고했다.

알레산드라는 자신의 영혼이 다른 사람들도 보호해줄 수 있을 거라고 믿었 다. 심지어 로마를 순례하여 교황의 은사(恩赦)를 받고 과거의 죄를 깨끗이 씻어내겠다는 생각까지 했다. 그녀는 나폴리에 있던 필리포에게 잠시 로마로 건너오라고 말했다. 이 신성한 도시는 어머니와 아들, 두 사람이 제각기 살 고 있던 도시들의 중간지점에 위치했기 때문이다. 하지만 아들을 만나기 위 한 어머니의 계획은 끝내 결실을 맺지 못했다.

피렌체에는 유명한 교회들이 많았지만, 알레산드라는 특히 자주 찾는 교회가 몇 군데 있었다. 그녀는 이따금 산티시마 아눈치아타를 찾았는데, 그곳에는 고인이 된 친척들의 모습을 밀랍인형으로 안치해둔 제단이 있었다. 이미 천국으로 떠난 마테오와 국외로 추방된 다른 두 아들을 위해 기도하면서, 알레산드라는 촛불이 켜진 예배당에서 기도를 올리거나 고해성사를 위해 차례를 기다리는 처녀들을 유심히 지켜보았다. 어쩌면 그중에서 필리포와 로렌초에게 어울리는 배필을 찾을 수 있을지도 모르기 때문이었다.

이제 두 아들은 30대 중반과 후반으로 접어들고 있었다. 이미 결혼 적령기를 훌쩍 넘긴 나이였지만, 알레산드라는 담담해지려고 노력했다. 1465년에는 이런 글까지 남겼다. "만약 모든 남자들이 결혼을 두려워했다면 지금 이세상에는 아무도 남아 있지 않았을 테지!"

그러나 이 내용은 그다지 적절하지 않았다. 로렌초는 이미 몇 명의 서자를 둔 아버지였기 때문에 인구증가에 기여했다고 할 수 있었다. 알레산드라는 그 사실에 대해 비교적 낙관적인 입장을 보였다. 남자들은 다 똑같기 때문에 로렌초의 행동도 다른 젊은 귀족남자들과 다를 바 없다는 것이었다. 하지만 그녀는 서자들을 스트로치 가의 혈통으로는 인정하지 않았다.

이제 그녀는 로렌초가 현재 만나는 애인과 헤어져야 할 시기라고 생각했다. 이미 필리포는 오랜 세월 정부로 삼았던 노예 출신 하녀 마리나와의 관계를 끝냈다. 두 아들은 어머니와 가족 전체를 위해서 스트로치 가의 명성에 걸맞은 영예로운 결혼을 해야만 했다.

그날따라 성당에는 혼기가 찬 젊은 여성들이 눈에 띄지 않았다. 고작 어색한 걸음걸이에 옷 입는 감각도 형편없는 평범한 처녀 한 명이 있었지만, 까다로운 필리포의 아내로는 전혀 어울릴 것 같지 않았다. 결국 알레산드라는 평소처럼 정성을 다해서 기도를 드렸다.

미사가 시작되는 시간에 딱 맞게 도착한 그녀는 내심 아주 운이 좋았다며 기뻐했다. 언제나 희미한 빛이 감도는 본당을 둘러보던 도중에 푸른색 벨벳 드레스를 입고 기도에 열중하고 있는 한 젊은 여성이 그녀의 시야에 들어왔다. 알레산드라는 그 처녀의 옆자리에 앉아 미사 시간 내내 그녀의 외모와 태도를 꼼꼼히 살펴보았다. 이 처녀가 아이를 출산할 만큼 건강할까? 아이에게 교육과 예절을 잘 가르칠 수 있을 만큼 우아하고 정숙할까? 또 머리는 총명할까? 행여 독단적인 성격을 지녀서 남편이나 시어머니를 거스르지는 않을까?

미사가 끝나고 그녀를 따라 햇살이 밝은 광장으로 나온 알레산드라는 자신의 어리석은 행동에 그저 웃을 수밖에 없었다. 희미한 본당의 불빛 아래서 궁금증을 유발했던 그 낯선 처녀는 바로 타나글리(Tanagli) 가의 자녀였다. 이미 그녀가 필리포의 색싯감으로 눈여겨본 처녀였던 것이다. 맏사위 마르코가 타나글리 가에 두 가문의 혼사에 대해 이야기했으며, 그들도 완전히 부정적인 견해를 보이지는 않는 듯했다. 그러나 결혼을 위한 협상은 좀처럼 진척되지 않았다. 타나글리 가 입장에서는 국외로 추방되어 세력을 잃은 스트로치 가에 소중한 딸을 내주기란 썩 내키는 일은 아니었기 때문이다.

알레산드라는 이미 좋은 상대가 나타나면 반드시 잡아야 한다고 필리포에게 당부했다. 그러나 너무 가난해서 변변한 결혼 지참금을 준비할 수 없거나 딸에게 어떤 문제가 있지 않는 한, 이처럼 몰락한 가문과 선뜻 혼인을 맺으려는 가문은 결코 많지 않았다. 불행하게도 필리포는 너무 오래 망설이다가 결국 다른 적극적인 구혼자에게 타나글리 가의 처녀를 빼앗기고 말았다.

알레산드라는 전혀 실망하지 않았다. 그녀는 아디마리 가에 아주 쓸 만한 처녀가 있다는 소식을 들었다. 알레산드라는 그 처녀를 자세히 관찰하기 위해 그녀가 다니는 교회를 찾았으며, 그녀가 지나갈 만한 거리와 광장까지 모두 둘러보았다. 그러나 알레산드라가 아들에게 보낸 편지에는 이런 내용이 적혀 있었다. "그녀가 평소에 다니던 장소들에 모두 가보았지만 도무지 그녀를 볼 수가 없구나." 그로부터 4개월 후, 마침내 그녀를 보게 된 알레산드라는 대단히 만족스러워했다. 그리고 필리포에게 이렇게 당부했다. "아디마리 가의 처녀를 반드시 잡아라. 그녀는 온갖 풍미를 지닌 최고의 스테이크 같은 여자다."

마침내 필리포는 어머니의 조언에 따라 추방기간이 끝나는 1466년에 피아메타 아디마리와 결혼식을 올렸다. 이 결혼은 중요한 전환점이 되었다. 필리포는 유력한 가문의 아내를 얻었을 뿐만 아니라, 메디치 가와도 우호적인 관계를 맺었다. 이윽고 필리포는 직접 나서서 동생 로렌초의 색싯감을 찾기 시작했다. 그는 오직 피에로 데 메디치(Piero de Medici)가 인정하는 가문 출신의 처녀들만을 엄격히 선별했다.

※ ※ ※

"아디마리 가의 처녀를 반드시 잡아라.
그녀는 온갖 풍미를 지닌 최고의 스테이크 같은 여자다."

1469년, 필리포의 아내는 두 가문의 화해를 공인하는 차원에서 피에로의 아들 로렌초와 클라리체 오르시니(Clarice Orsini)의 결혼식에 초대되었다. 이 결혼식의 축하연은 며칠 동안 이어졌다. 그 당시 임신 중이던 피아메타는 자신의 예민한 상태를 걱정하여 정중히 초대를 거절했다. 그러나 신랑의 어머니이자 절대권력을 행사하던 피에로의 아내 모나 루크레치아는 결코 거절을 용납하지 않았다. 결국 임신 초기의 아침 구토증으로 고생하던 필리포의 아내는 어쩔 수 없이 결혼식에 참석해야만 했다. 하지만 알레산드라로서는 영광스러운 경사를 맞이한 것이었다.

알레산드라는 출산을 축하할 준비를 시작했다. 그로부터 얼마 후 피아메타는 건강한 사내아이를 낳았다. 갓 태어난 아이의 이름을 알폰소로 지었다.

13세기 후반에 시작된 도시 재개발에 대한 노력에도 불구하고 르네상스 시대 피렌체의 거리는 빽빽이 들어찬 집들과 상점들 사이로 좁고 구불구불한 골목이 뒤얽힌 모습이었다. 이 그림은 프란체스코 우베르티니(Francesco Ubertini)의 작품으로, 이런 비좁은 거리는 항상 남자들의 영역이었다.

부유층 여인들은 대체로 집 안에서 생활했는데, 특히 혼기가 찬 처녀들은 철저히 순결을 지켜야 했기 때문에 현관이나 창문으로도 모습을 드러내지 않았다. 부득이 외출해야 하는 경우에는 그들의 신변을 보호하기 위해 하녀들이 동행했다. 반면 하류층 여인들은 자유로이 외출할 수 있었다.

| 빈민들을 위한 구호사업 |

중세부터 시작된 병자와 빈민에 대한 구호사업은 교회에서 주도하는 중요한 종교적 의무였다. 실제로 프란체스코 수도회를 비롯한 여러 수도원에서는 바로 이런 사업들에 대한 자료가 발견되었다. 그러나 15~16세기에 걸쳐 이탈리아의 인구가 급증하면서 구호사업은 교회에서 단독으로 해결할 수 없는 엄청난 문제가 되고 말았다. 결국 그동안 교회에서 담당하던 역할의 일부를 개인이 수행하기 시작했고, 여러 도시에 병원과 양로원·고아원·구호단체가 세워졌다.

특히 피렌체는 빈민과 병자를 비롯한 소외계층을 위한 시설들이 잘 갖춰져 있었다. 15세기 피렌체에는 공공자금과 개인의 기부금을 통해 운영되는 병원이 무려 35개소에 달할 정도였다. 1421년에는 실크 제조업자들의 길드에 의해 최초의 고아원이 설립되었다. '오스페달레 데글리 인노켄티'라는 명칭으로 알려진 이곳은 상인들의 길드가 후원하는 기부금으로 고아들을 보살피는 시설이었다. 유명한 건축가 필리포 브루넬레스키가 설계한 이 고아원은 르네상스 시대를 대표하는 건축물에 사용되는 석재와 모르타르 같은 자재로 화려하게 외관을 장식함으로써, 이런 공공시설에도 이따금 빼어난 건축미학이 담긴다는 사례를 몸소 보여주었다. ✱

온몸에 헝겊을 두른 아이의 모습을 양각한 테라코타 작품(위)은 15세기 피렌체의 유명한 고아원인 오스페달레 데글리 인노켄티(아래)의 전면을 장식하고 있다. 이 건물은 필리포 브루넬레스키가 설계했다.

피렌체 인근 피스토이아에
위치한 오스페달레
델 케포의 프리즈.
자비를 실천하는 7가지
방법의 한 가지로 알려진,
굶주린 사람들에게 음식을
나누어주는 장면을
묘사하고 있다.

아래 프레스코 화는 1480년경 피렌체의 한 성당에 그려진 작품으로, 그 당시 막강한 세력을 행사하던
양모 제조업자들의 길드가 매년 한 차례씩 빈민들에게 의복을 나누어주는 장면을 묘사하고 있다.

알레산드라는 딸이 아닌 아들이 태어난 것에 더없이 기뻐했다. 그 손자는 가문의 혈통을 이어갈 유일한 자손이었기 때문이다.

이 행복한 할머니는 스트로치 가의 번영을 위해 유모를 선택하는 일에 신중을 기했다. 그 당시 중산층이나 귀족의 부인들은 아이들에게 직접 젖을 먹이는 경우가 지극히 드물었다. 토스카나 지역에는 유모로 고용할 수 있는 여자들이 상당히 많았다. 그들은 아이를 일찍 떠나보냈거나, 아니면 비록 액수는 적더라도 보수가 있다면 기꺼이 다른 집의 아이들에게도 젖을 나눠줄 수 있는 여자들이었다. 이처럼 소작농 출신 유모에게 양육되는 피렌체의 상류층 자녀들은 대부분 2세를 전후로 해서 비로소 집으로 돌아와 부모와 함께 살게 되었다. 그러나 아이들을 다른 집에서 양육하는 관습에는 상당한 위험부담이 뒤따랐다. 알레산드라는 큰아들 부부를 향해 부주의한 유모들이 옆자리에 아이를 눕힌 채 잠들어 질식시킨 사례와, 매정한 유모들이 아이를 병들게 하거나 굶어죽도록 방치한 사례들을 상세히 이야기하며 조심할 것을 당부했다. 그녀는 가족의 번영을 위해 항상 세심한 주의를 기울였다. 아직 유아에 불과한 알폰소가 병이라도 걸리면, 사소한 기침이나 발열증상까지도 일일이 신경을 썼다.

알레산드라는 아이의 이름을 두고 필리포와 논쟁을 벌였다. 그녀는 큰아들이 할아버지를 추모하는 관습에 따라 손자의 이름을 마테오로 짓지 않은 것이 몹시 불만스러웠다. 그러나 한때 어머니로부터 꾸중을 들었던 필리포는 오랜 세월 미망인으로 살아온 어머니에게 말년에 큰 행복을 안겨주었다. 그는 탁월한 능력으로 고향 피렌체에서 사업에 크게 성공한데다 웅장한 궁전을 세움으로써 실추된 가문의 명성까지 되찾았다. 이 궁전은 500년이 지난 지금까지도 피렌체의 유명한 유적지로 남아 지난날 화려했던 스트로치 가의 위용을 과시하고 있다.

피렌체의 명문가 출신은 아니었지만 산갈로 거리에 또 1명의 여인이 모습을 나타냈다. 그녀의 이름은 루산나 디 베네데토로서 리넨 제조업자 안드레아 누치의 아내였다. 이른 아침의 밝은 햇살에 눈이 부셨는지 루산나는 현관에서 잠시 걸음을 멈추었다. 그녀는 이웃에 살고 있는 티타 카비치울리가 남편의 실크 제조 작업장을 부지런히 청소하며 건네는 인사에 고개를 숙여 답례했다.

이제 루산나는 빈 바구니를 들고 콧노래를 흥얼거리며 거리로 나섰다. 그때 갑자기 들려온 큰 소리에 깜짝 놀라 그녀는 황급히 벽에 몸을 기댔다. 그것은 솜엉겅퀴와 회향을 잔뜩 실은 수레가 지나가는 소리였다. 그 수레에는 시끄럽게 울어대는 닭들을 담은 바구니를 안고 있는 두 여인도 타고 있었다. 루산나는 자신을 쳐다보는 그들과 눈이 마주쳤다. 한 여자가 다른 여자에게 귓속말로 뭔가를 속삭였고, 곧이어 두 여자는 모두 잇몸을 훤히 드러내며 웃기 시작했다.

그 수레가 멈추었을 때 루산나는 거리의 반대편에 서 있는 한 남자와 눈이 마주쳤다. 그는 고개를 살짝 숙이면서 가벼운 미소를 지었다. 순간 그녀는 얼굴이 붉어지는 것을 느꼈다. 이윽고 그녀는 시선을 피해 시장으로 향하는 사람들의 대열에 합류했다.

루산나는 뒤돌아볼 필요가 없었다. 자신을 바라보는 시선이 어깨와 등을 차례로 훑고서 엉덩이까지 내려가는 것을 느낄 수 있었기 때문이다. 그녀는 발걸음을 재촉하며 어깨 너머로 뒤를 돌아보았다. 그는 일정한 거리를 두고 뒤따라오고 있었다.

그 시간이면 피렌체의 거리는 온갖 물건을 사고팔며 분주히 새로운 하루를 시작하는 사람들로 북새통을 이루었다. 오늘따라 거리는 평소보다 더 혼잡한 듯했다. 루산나는 양모를 가득 실은 말 한 마리를 피하려다 하마터면 조그만 수레를 끌고 약재상으로 향하는 도제와 부딪힐 뻔했다.

그녀는 사람들이 가장 많이 몰려 있는 곳을 향해 걸어갔다. 그곳에는 검은 옷을 입은 학자 2명이 철학에 대해 논쟁을 벌이고 있었다. 두 사람은 마치 사람들로 이루어진 강물 속에서 조금도 흔들리지 않는 바위처럼 서 있었다. 그들은 너무나 논쟁에 몰입했던 나머지, 소매치기 1명이 슬그머니 바로 옆까지 다가오는 것조차 눈치채지 못했다. 그때였다. 루산나는 순간적으로 칼날이 번쩍이는 것을 보았다. 그 능숙한 동작과 함께 허리에 매달려 있던 가죽 지갑이 바닥에 떨어졌다. 만약 그녀가 소리를 질렀다면 그 소매치기는 현장에서 바로 붙잡혔을 것이다. 하지만 그녀는 사람들의 시선이 자신에게로 쏠리는 것을 원하지 않았기 때문에 아무 말도 하지 않고 서둘러 자리를 떠났다. 그 구역에서 가장 부유한 사람이 새로 지은 대저택을 지나면서 그녀는 커다란 대문에서 나오는 사람들과 부딪힐 뻔했다. 안색이 창백한 귀부인이 아침 미사에 참석하기 위해 양쪽에 시녀 2명과 뒤쪽으로 푹신한 의자를 들고 따라오는 노예 소녀를 거느리고 산로렌초 교회를 향해 나서고 있었다. 루산나는 자신이 시녀들을 거느린 그 부인을 부러워하는 건지, 아니면 자유가 없는 자신의 처지를 처량하게 여기는 건지 도무지 알 수 없었다. 그녀는 고개를 돌려 힐끔 거리를 둘러보았다. 아까부터 미행하던 사내가 여전히 주위를 맴돌며 그녀의 다음 행동을 살피고 있었다.

루산나는 넓은 도로에서 빠져나와 좁은 골목길로 들어갔다. 어떤 길은 너무 좁아서 몸을 돌려 걸어가야 했다. 그녀는 걸음을 멈추고 뒤를 돌아보았다. 뒤쪽에는 아무런 인기척도 없었다.

사람들로 북적대는 구(舊)시장 메르카토 베키오에 들어선 루산나는 병든 남편의 식욕을 돋워줄 음식을 고르는 일에 몰두했다. 그녀는 환전상 앞에 놓인 탁자를 지나 생선가게를 향해 걸어갔다. 뱀장어들이 펄떡펄떡 뛰는 바구니를 보며 고민하던 그녀는 가재들이 담긴 바구니를 보며 그것들이 싱싱한지 살펴보았다. 그녀는 노란 촉수가 탐스럽게 담긴 쟁반을 보았지만, 싱싱하지 않았던 탓에 집어들지 않았다. 이윽고 그녀가 고개를 돌렸을 때, 누군가 그녀의 팔꿈치를 잡았다.

"조반니!"

그녀의 꾹 다문 입술에서 한 사내의 이름이 새어나왔다.

"아까 분명히 따돌렸다고 생각했는데."

두 사람은 계속해서 속삭이는 듯한 목소리로 대화를 주고받았다. 루산나는 자신에게 돌아올 평판에 대해 생각했다. 그녀는 결혼한 유부녀였다. 장인(匠人)의 아내로서 이따금 그녀는 사업상 부득이하게 가족 이외의 남자들과 이야기해야 할 경우가 있었다. 그러나 시장에서 낯선 남자와 대화를 나누는 것은 상당히 위험한 행동이었다. 과연 이웃 사람들이 어떻게 생각할까? 그가 어떤 여자든지 간에, 젊고 잘생긴 귀족남성으로부터 피렌체에서 가장 아름다운 여인이라는 칭찬과 더불어 언젠가 자신의 아내로 만들겠다는 거의 집착에 가까운 구애를 받으면서 흐뭇한 기분을 숨기기란 대단히 어려운 일이었다.

그러나 자신이 유부녀가 아니었더라도 루산나는 몇 가지 이유에서 조반니의 말을 전적으로 믿을 수는 없었다. 두 사람은 이웃에 살았고, 같은 교회를 다니며 같은 신부에게 고해성사를 했지만 전혀 다른 사회계층에 속해 있었다. 루산나는 재단사의 딸이자 리넨 제조업자의 아내였다. 반면 조반니 델라 카사는 국제적인 은행에서 실크 무역까지 사업을 확장하려는 야심을 품은 젊고 유능한 상인이었다. 그의 가문은 메디치 가와 아주 좋은 관계를 유지했다.

그러나 불과 몇 개월 만에 조반니는 절호의 기회를 포착했다. 1453년 1월, 루산나의 남편이 세상을 떠난 것이었다. 자녀도 없이 미망인이 된 그녀는 아주 적절한 방법을 선택했다. 그녀는 결혼한 오빠 안토니오의 집으로 들어갔다. 이제 흥분과 기대에 들뜬 조반니는 그 집 주변의 거리를 서성거리기 시작했다.

안토니오는 가문의 명예를 더럽히는 행동에 분노하여 이 집요한 사내에게 여동생을 포기하도록 설득했다. 그는 여동생도 타일렀지만, 그녀는 그저 모른다는 반응만 보일 뿐이었다. 루산나가 공공연히 조반니와 이야기하는 모습은 자칫 추잡한 소문을 일으킬 수도 있었다. 안토니오는 루산나에게 아무것도 기대할 수 없었다. 결국 그는 직접 조반니를 만났다. 만약 여동생을 원한다면, 조반니는 반드시 결혼반지를 선물해야만 했다. 다행히 조반니는 루산나와 결혼하는 데 동의했다. 다른 피렌체 여성들과 마찬가지로 루산나도 조용히 뒤로 물러나, 가장 가까운 친척 중 남성이 자신을 위해 협상하는 것을 지켜보았다.

그러나 이 결혼은 전통적인 관습을 따른 것은 아니었다. 처음부터 조반니는 결혼 지참금을 요구하지 않았다. 그는 아름다운 루산나가 그 자체로 큰 선물이라고 말함으로써 장차 처남이 될 안토니오를 흐뭇하게 했다. 그러나 한 가지 조건이 있었다. 이 결혼은 철저히 비밀에 부쳐야 한다는 것이었다.

이처럼 결혼반지를 주고받는 의식에서 공증인은 당사자인 남녀가 결혼에 동의하는 내용을 기록했다. 그 당시 결혼은 양가의 아버지나 친척 남자들에 의해 성사되었다.

그의 아버지가 하류층 신부와 결혼한다는 사실을 알면 자칫 그의 상속권을 박탈할 수도 있었기 때문이다. 그것은 안토니오도 충분히 납득할 수 있는 이유였다.

대체로 피렌체의 결혼식은 공증인이 입회한 상태에서 진행되었다. 조반니는 공증인을 내세우는 것이 불가능하다고 말했다. 그의 아버지 로도비코는 그 지역에서 상당히 유력한 인사였다. 도대체 누가 그의 분노를 무릅쓰면서 이런 비밀결혼을 공증하려고 하겠는가? 아무도 신뢰할 수 없었다. 결혼 공증인은 로도비코의 환심을 사기 위해 곧장 그에게로 달려가서 모든 사실을 털어놓을 터였다.

안토니오는 기분이 썩 내키지는 않았지만, 성직자가 입회하는 조건에 합의했다. 조반니는 산타크로체 수도원에서 프란체스코 수도사로 재직하는 프라 펠리체를 추천했고, 안토니오와 루산나는 모두 만족했다.

5월의 어느 따뜻한 날 저녁, 프라 펠리체와 다른 젊은 수도사가 안토니오의 집에 도착했다. 그곳에서는 축하연이 벌어지고 있었다. 테이블 주위로 신랑과 신부를 비롯해, 안토니오와 그의 아내 코사, 안토니오와 루산나의 계모 메아, 줄리아나와 니콜로 마갈디 부부가 앉아 있었다. 이 부부는 안토니오의 친구들이자 조반니의 사업과 관계가 있는 사람들이었다. 또 위층에서는 안토니오의 세 딸과 마갈디 부부의 다섯 아이들이 이 축하연을 내려다보며 잔뜩 신나서 재잘거리고 있었다.

저녁식사가 끝나자 조반니는 프란체스코 수도사에게 자신은 루산나와 결혼할 것이며, 이 의식에 적합한 축사를 해달라고 요청했다. 이윽고 펠리체는 근엄한 목소리로 조반니와 루산나에게 서로 부부가 되기를 원하는지 물었다. 두 사람은 모두 그 질문에 동의했다. 그러자 안토니오는 루산나의 손을 잡아 조반니에게 건넸고, 그는 왼손에 끼고 있던 금반지를 빼내어 신부의 손가락에 끼워주었다.

결혼식에 참석한 사람들은 모두 키스를 주고받았다. 조반니와 안토니오도 키스를 하며 이 위험한 행사가 무사히 끝난 것에 대해 만족했다. 조반니는 새로이 식구가 된 사람들에게 다양한 선물을 건네며 일일이 포도주를 따라주었다. 잠시 후, 그는 우아한 초록색 드레스로 갈아입은 루산나를 데리고 신방을 꾸리기 위해 2층으로 올라갔다.

이제 시내에 어둠이 내려앉으며 통행금지가 시작되었다. 성직자 신분인 프라 펠리체 일행조차 동트기 전까지는 거리에 나갈 수 없었다. 따라서 안토니오와 코사는 이 수도사들에게 기꺼이 자신들의 침실을 내주고 다른 방으로 건너갔다.

이 결혼식에 참석한 사람들은 모두 그 결혼식이 이상하다는 사실을 알고 있었다. 피렌체의 전형적인 결혼식은 공식적인 결혼행렬로 시작되었다. 신부는 결혼식을 마치고 이튿날 아침에 그녀의 집을 떠나 신랑의 집으로 들어갔다. 그러나 루산나는 다음날에도 집을 떠나지 않았으며, 평소와 같은 옷차림으로 가만히 집 안에 있었다. 또 그녀는 손가락에서 결혼반지를 빼냈을 뿐만 아니라, 외출할 때면 항상 미망인의 베일을 쓰고 집을 나섰다. 조반니는 사나흘에 한 번씩 루산나의 집에 들렀다. 그때마다 그는 조심스럽게 집안으로 들어와서는 "내 아내는 어디 있소?"라고 물었다.

안토니오의 아내 코사는 조반니가 이따금씩 포도주, 곡물, 올리브 기름과 같이 살림에 필요한 물건들을 가져온다고 말했다. 비록 세상 사람들의 눈에는 리넨 제조업자의 미망인에 불과할지라도 루산나는 자신이 귀부인에 못지 않은 특권을 누린다는 사실을 알고 있었다. 조반니가 사랑하는 아내를 위해 시녀로 부릴 수 있는 노예 소녀까지 보냈기 때문이다. 더욱이 그 노예 소녀의 소유권 계약은 조반니가 아닌 루산나의 이름으로 체결되었다.

그러나 이처럼 은밀한 결혼생활에서 벗어나 두 사람도 잠시나마 달콤한 휴식을 즐기게 되었다. 그해 8월, 대부분의 피렌체 시민들과 마찬가지로 안토니

한 신부가 침대에 누운 채 신랑을 기다리는 동안 신랑이 하객들을 신방에서 내보내고 있다. 전통적으로 결혼은 신부가 신랑의 집에 들어갈 때까지는 완료된 것이 아니었는데, 그 기간이 짧게는 며칠, 길게는 몇 개월이 걸릴 수도 있었다.

오도 무더위를 피해 가족과 함께 지방으로 여행을 떠났다. 그는 그저 평범한 장인에 불과했음에도, 피렌체에서 북쪽으로 20km 떨어진 산피에로에 작은 농장을 소유하고 있었다. 남편을 잃은 미망인 신분인 루산나는 안토니오 가족의 일원으로서 그 여행에 동참했다. 물론 조반니 델라 카사도 빠지지 않았다.

피렌체 사람들의 시선을 벗어난 이 부부는 경계심을 풀어도 괜찮다고 생각했다. 그들은 토스카나 지방의 푸른 하늘 아래서 다정하게 손잡고 거닐면서 아름다운 꽃들을 따거나 저녁에 샐러드로 먹을 채소들을 모았다. 또 간간이 재미난 일들도 있었다. 두 사람은 아이가 태어난 집에 들어가 출산을 축하했고, 발롬브로사 수도원에 들르기도 했다. 조반니와 함께 있었기 때문에 루산나는 미망인의 상복을 걸치지 않고 또래의 유부녀들이 즐겨 입는 밝은 갈색 드레스를 입었다.

이처럼 루산나는 교외에서 즐거운 시간을 보냈다. 그동안 그녀는 결혼반지를 끼고 있었는데, 이제는 도저히 빼낼 수 없다는 사실을 깨달았다. 그녀는 조반니를 떠올렸다. '이건 너무나 위험한 행동이야.' 이미 그녀는 사람들 앞에서 절대로 그 반지를 끼지 않겠다고 약속했다. 만약 피렌체로 돌아가서도 반지를 끼고 있으면 과연 어떤 일이 벌어질까? 그러나 전혀 예상하지 못한 조반니의 대답에 루산나는 깜짝 놀라면서도 아주 기뻐했다. "사람들에게 알려지면 아주 좋을 거야."

그러나 피렌체로 돌아와 아버지의 집에 머물면서 조반니는 그 말을 완전히

잊은 듯했다. 다시금 은밀한 결혼생활이 시작되었다. 루산나는 어쩔 수 없이 현실을 그대로 받아들였다. 1455년 2월, 로도비코 델라 카사가 세상을 떠났다는 소식이 전해졌다. 루산나는 기쁜 마음을 감출 수가 없었다. 그 소식이 반가우면서도 죄책감은 거의 들지 않았다. 이제는 조반니와 정식으로 부부로서 살 수 있었기 때문이다. 하지만 그녀와 달리 조반니는 그다지 유쾌하지 않았다. 아버지의 죽음으로 인해 그는 이중생활에서 해방된 기쁨보다는 오히려 거대한 상인 가문의 후계자로서 막중한 책임감을 느끼게 된 것이다. 그해 4월에 그는 피렌체 귀족에 걸맞은 성대하고 화려한 결혼식을 올렸다. 신부는 조반니의 가문보다도 훨씬 더 명문가에 속한 피에로 디 카르디날레 루첼라이의 15세 된 어린 딸이었다.

이 소식을 들은 루산나는 망연자실하고 말았다. 그 엄청난 충격과 슬픔은 이내 터질 듯한 분노로 바뀌었다. "그 위선자 조반니가 나를 희롱한 거야!" 그녀는 이웃에 사는 모나 피오라에게 소리쳤다. "내가 바로 그의 아내라고!" 그녀는 마음을 진정시키자마자 일단 소송부터 제기해서 남편을 되찾겠다고 결심했다. 그리고 친구들과 이웃 사람들에게 조반니를 만나서 이 일을 중재해 달라고 부탁했다. 그녀는 다른 남자들이 중매쟁이를 통해 자신에게 청혼했다가 모두 거절당했다는 사실을 조반니도 알고 있다고 확신했다. 조반니는 그녀의 남편이었다. 도대체 그녀는 왜 다른 구혼자들을 필요로 했던 것일까?

이윽고 루산나는 모든 사람들을 깜짝 놀라게 만들었다. 특히 직접 법정에 나서야 했던 조반니가 가장 놀라게 되었다. 그 당시 여자는 단독으로 소송을 제기할 수 없었기 때문에 그녀는 법적 보호자인 오빠 안토니오에게 소송을 부탁했다. 그녀는 법원에다 조반니와 마리에타 루첼라이와의 결혼은 중혼이라고 고발하면서 교회에서 그 결혼을 무효로 선언해줄 것을 요청했다.

조반니는 변호사들을 고용하여 신속히 대응했다. 그는 여러 해 동안 루산나와 관계를 맺어왔다. 실제로 그는 두 사람의 관계가 그녀의 남편이 사망하기 10년 전인 1443년부터 시작되었다고 진술했다. 하지만 그 관계는 그저 간통에 불과했다. 만약 루산나가 그 관계를 합법적인 결혼이라고 주장한다면, 그녀는 꿈을 꾸고 있거나 거짓말을 하는 것이다.

피렌체 시민들에게 귀족남성과 하류층 여성이 관계를 맺는 것은 전혀 낯선 것이 아니었다. 그런 사례들은 흔히 찾아볼 수 있었다. 명문가의 젊은 청년들은 30대가 되도록 결혼하지 않았지만, 누구도 그들에게 수도사와 같은 생활을 기대하지는 않았다.

공식적으로 간통은 교회와 국가의 법을 모두 위반하는 범죄였다. 그러나 실제로 처벌이 내려지는 경우는 거의 드물었다. 귀족청년들은 다른 귀족가문의 처녀와 관계를 맺다가 아주 곤란한 상황에 놓일 가능성이 있었다. 그런 추문은 결혼시장에서 그 처녀의 가치를 떨어뜨렸기 때문에, 그 남자는 자칫 절도죄를 범한 것으로 간주될 수도 있었다. 물론 수녀들에게는 엄격한 금지사항이었다.

조반니는 루산나에 대한 열정이 최고조에 달했을 때 이미 다른 여자들에게서 2명의 서자를 두고 있었다. 1458년의 납세내역을 살펴보면, 그의 부양가족으로는 1453년에 태어난 카를로와 1455년에 태어난 마르코가 포함되어 있었다. 그 두 아이는 그나마 운이 좋은 편이었다. 조반니처럼 서자를 둔 아버지들이 수많은 무고한 아이들을 버렸기 때문이다. 피렌체의 고아원에는 이런 남자들로부터 버림받은 여자들이 무책임하게 내버린 불쌍한 아이들로 가득했다.

루산나의 친구들은 그녀가 이런 보호시설에서 아이를 1명 입양할 계획이었다고 말했다. 그녀와 전 남편 안드레아 누치 사이에는 자녀가 없었다. 그녀는 수시로 산티시마 아눈치아타 교회에 들러서, 아이를 낳지 못하는 여자들에게 효험이 있다고 알려진 수태고지 벽화 앞에서 기도를 올렸다. 이처럼 아이에 대한 간절한 열망은 그녀가 조반니의 청혼을 수락했던 한 가지 이유

피렌체에 위치한 산티시마 아눈치아타의 화려한 예배당에는 성모 마리아가 천사의 모습으로 묘사되어 있다. 이 그림은 특히 아이를 낳고 싶어 하는 여인들에게 경배의 대상이었다.

일 수도 있었다. 그러나 조반니의 변호사들은 이 사건을 루산나가 난잡한 여성이라는 전제 하에서 접근했다. 그들은 그녀의 도덕성이 허술한 만큼 그녀의 말도 신뢰할 수 없다고 주장했다. 만약 누군가 먼저 부도덕한 청혼을 했다면, 그 사람은 조반니가 아닌 그를 이 법정에 세운 루산나라는 것이었다.

이 사건은 피렌체 주교 안토니누스의 주관 하에 종교재판에 회부되었다. 그는 교회법 전문가로 여러 해 동안 로마 교황청의 고등법원에서 근무했다. 하지만 그는 유복한 집안 출신이 아니라, 루산나처럼 비좁은 골목에서 성장한 인물이었다. 그는 재산이나 권력, 명문가의 혈통 따위에 흔들리지 않았다. 이 강직한 주교는 가난한 사람들을 착취하고도 하나님과 인간의 법으로부터 사면될 수 있다고 생각하는 귀족들에게 결코 관대하지 않았다. 그는 이렇게 선언했다. "교회는 약한 사람들의 편이다."

청문회는 6월 말에 시작되었다. 그러나 루산나가 경찰의 조사를 받고 있다는 사실을 안토니누스가 알았을 때까지 제대로 진행되지 않았다. 누군가가 피렌체 최고행정관에게 루산나를 살인죄로 고소했던 것이다. 그녀의 전남편 안드레아 누치가 자연적 요인(그를 담당한 의사의 소견과 상관없이)으로 사망하지 않았다는 것이었다. 그들은 루산나가 고의적으로 독살했다고 주장했다.

피렌체 주교는 이 고소가 이루어진 시점이 아주 수상하다고 생각했다. 이처럼 살인죄에 대한 수사가 동시에 진행된다면 루산나의 입장에서는 조반니에 대한 소송에 악영향을 받을 수밖에 없었기 때문이다. 주교는 최고행정관 조반니 델라 포르타에게 그 수사를 잠시 중단해줄 것을 정중히 요청했다. 일단 교회에서 평결이 내려지면 최고행정관도 자유롭게 수사할 수 있었기 때문이다. 그는 종교재판이 다른 일반재판에 우선한다고 생각했다.

최고행정관은 주교의 요청을 거절했다. 그는 유력한 귀족들(조반니 가와 그들과 새로이 사돈을 맺은 루첼라이 가, 어쩌면 메디치 가까지도)이 루산나의 평판이 나빠지기를 원한다는 사실을 알고 있었다. 안토니누스는 파문장을 발부하며 강력히 대응했다. 그러나 최고행정관도 전혀 물러서지 않았다. 결국 피렌체의 유력한 인사들이 중재에 나섰다. 그들은 최고행정관에게 양보하라고 명령했다. 최고행정관의 파문이란 도저히 상상조차 할 수 없는 엄청난 사건이었기 때문이다. 마침내 성가신 장애물이 사라지자, 피렌체 주교와 사제들은 본격적으로 재판을 진행했다.

루산나의 증인으로는 결혼식을 진행한 수도사를 비롯해 피서지에서 그녀와 조반니가 함께 있는 모습을 본 농부들, 그녀의 계모 메아, 안토니오의 아내 코사까지 참석했다. 그들은 모두 루산나가 정숙한 미망인이며, 경건한 마음으로 조반니와 결혼했다고 증언했다.

조반니의 변호사들은 이 모든 증언들을 맹렬히 비난했다. 그들은 법정에서 프라 펠리체가 과거 코르토나에서 공개적으로 '파렴치한 수도사이자 사악한 범죄자'라고 비난받은 적이 있다고 주장했다. 도대체 이런 인물의 증언을 어떻게 신뢰할 수 있단 말인가? 또 그들은 산로렌체 교구 전역에서 루산나는 남편을 속이고 부정한 짓을 일삼은 여자로 널리 알려져 있다고 주장했다. 실제로 몇몇 사람들은 한때 산갈로 거리에 위치한 안드레아 누치의 현관문에 간통한 아내의 상징물인 뿔을 달아놓았다.

심지어 루산나의 오랜 이웃이던 카비치울리마저 이런 불리한 증인들의 대열에 동참했다. 그들은 그녀의 해이한 도덕성과 관련된 여러 소문들에 대해 이야기했다. 심지어 그녀가 길거리에서 남자들과 시선이 마주칠 때면 얌전하게 아래로 향하지 않고 오히려 대담하게 시선을 주고받는다고 진술했다. 한때 루산나와 절친했던 사람들은 이제 그녀가 남편이 살아 있었을 때조차 다른 남자들을 침실로 끌어들여 부정한 행위를 저질렀다고 증언했다. 이런 그들의 행동은 조반니의 변호사들이 시킨 탓도 있었지만, 어쩌면 상류층과 결혼하려는 루산나에 대한 시기와 질투에서 비롯된 것일 수도 있었다.

> "그녀가 증언했던 다른 모든 내용들은
> 사실이 아니므로 그 증언들은 무효로 선언한다."

가장 치명적인 증거는 줄리아나 마갈디가 진술한 내용이었다. 그녀는 결혼식 만찬에 참석하여 결혼반지를 교환하는 모습도 지켜보았다. 그러나 줄리아나는 자신과 남편 니콜로는 그런 만찬을 먹은 적도 없고 그 결혼식에 참석한 적도 없다고 극구 부인했다. 그녀가 인정한 사실이라곤 예전에 조반니가 루산나에게 남편이 죽으면 아내로 맞이하겠다고 말한 것을 들었다는 것뿐이었다.

줄리아나 마갈디는 나아가 보다 충격적인 내용을 증언했다. 그녀는 안드레아 누치가 사망한 직후에 루산나를 만난 적이 있었다. 남편을 잃은 미망인으로서 당연히 슬퍼해야 할 루산나는 남편의 음식에 질산은 가루를 넣었다고 자랑하며 줄리아나에게 "이 사실을 조반니에게 전해주세요!"라고 말했다고 증언했다.

청문회가 오랜 기간 이어지면서 한여름의 무더운 날씨도 점점 더 기승을 부렸다. 피렌체 주교와 사제들은 서로 상반된 증거들을 살피면서 증인들이 그런 증언을 하게 된 동기를 철저히 분석했다. 안토니누스는 루산나를 비난하는 증인들이 경제적으로 조반니에게 의존하고 있다는 사실을 알고 있었다. 장인을 남편으로 둔 아내들은 대부분 그의 실크 공장에서 일했다. 또 가난한 사람들은 조반니 델라 카사가 아이들의 대부라는 사실을 가장 큰 자랑으로 여겼다. 반면, 루산나에게 유리한 증언을 했던 그녀의 친척들도 나름대로 뚜렷한 목표가 있었다. 그들은 어떤 희생을 치르더라도 가문의 명예를 지키려고 했다. 결국 누군가 거짓말을 하고 있는 것이 분명했다.

실제로 누군가 한 사람이 거짓말을 했다. 9월 29일, 안토니누스와 사제들은 줄리아나 마갈디를 산살바도레 교회로 소환했다. 그녀는 선서를 한 후에 이전에 증언한 내용들에 대해 심문을 받았다. 그런데 이 심문이 성스러운 장소에서 열린다는 사실에 두려움을 느꼈던 것일까? 아니면 처음 법정에 출두한 이후로 밤잠을 제대로 이루지 못했던 것일까? 여하튼 줄리아나는 갑자기 태도를 바꾸었다. 처음에 그녀가 증언했던 내용들 가운데 확실한 사실은 단한 가지뿐이었다. 바로 조반니가 루산나에게 남편이 죽으면 아내로 맞이하겠다고 약속했다는 것이었다. 나머지는 모두 새빨간 거짓말이었다. 교회의 서기는 그녀가 자백한 내용을 하나도 빠짐없이 기록했다. "그녀가 증언했던 다른 모든 내용들은 사실이 아니므로 그 증언들은 무효임을 선언한다."

피렌체 주교는 판결을 내리기까지 시간을 오래 끌지 않았다. 조반니와 루산나는 실제로 결혼반지를 교환했으며, 성직자의 축복을 받으며 결혼식에 참석한 증인들 앞에서 약속했다. 그들은 전통적인 결혼식 절차를 따르진 않았지만, 분명히 양측 모두가 결혼에 동의했다. 안토니누스는 그 결혼이 합법적이며, 나중에 마리에타 루첼라이와 결혼한 것은 무효라고 선언했다. 이제 조

르네상스 시대의 법정은 근대의 법정과 아주 비슷했다. 피렌체의 사법체제는 유럽에서 최고로 손꼽혔지만, 형사·민사·교회측의 여러 대리인들에 의해 혼란스럽게 운영되었다. 그들은 법을 임의로 집행할 수 있었기 때문에 이따금 부유층에 의해 악용되기도 했다.

반니는 법원의 명령에 따라 루산나를 합법적인 아내로 인정하고 그에 합당한 '애정'을 베풀어야만 했다.

마침내 루산나는 자신의 결백을 입증했다. 그녀는 남편이 사망하기 전에 여러 해 동안 조반니와 연인으로 지내왔지만, 그 사실은 이 재판의 결과에 아무런 영향도 미치지 못했다. 조반니는 더이상 그녀를 무시할 수 없었다.

그러나 루산나의 기쁨은 오래가지 않았다. 조반니 델라 카사의 집안은 메디치 가의 도움으로 교황 칼릭스투스 3세와 직접 대면할 수 있었다. 결국 피렌체 주교의 판결이 내려진 지 불과 1년 만에 교황청은 그 결정을 파기하고 루산나와의 결혼이 무효라고 선언했다. 조반니는 다시금 마리에타 루첼라이와 결혼생활을 시작했다. 그후 루산나에 대한 소식은 전혀 알려지지 않았다.

이탈리아 북부에 위치한 도시 베로나에서 아침 미사에 참석한 한 젊은 여인이 결혼을 비롯한 여러 문제들로 고심하고 있었다. 그날 아침 성당에는 유난히 사람들이 많았다. 그 혼잡한 상황에서 19세의 젊은 처녀 이소타 노가롤라(Isotta Nogarola)는 여동생 지네브라(Ginevra)와 나이 든 시녀와 떨어진 채 이리저리 헤매고 있었다. 그녀는 두 사람을 찾아 서둘러 집으로 돌아가야 한다는 생각에 수많은 사람들이 몰려 있는 주변을 샅샅이 살펴보았다. 그때 갑자기 누군가 어깨를 가볍게 두드리는 손길이 느껴졌다. 그녀는 혹시나 여동생이기를 바라며 뒤를 돌아보았지만, 그곳에는 옷을 잘 차려입은 젊은 여자들이 그녀를 에워싸고 있었다. 그들은 애써 굳은 표정을 짓고 있었다.

"아직도 높으신 분의 대답을 기다리는 거야?"

한 여자가 말했다.

"절망할 건 없어, 가엾은 애송아. 어쩌면 네가 워낙 똑똑해서 위대한 그분이 할 말을 잃은 건지도 모르잖아."

"오! 잘난 이소타, 정말 보기 흉한 들창코를 라틴 어로 어떻게 말하는지 가르쳐줄 수 있겠니?"

그들은 자신들의 말솜씨에 만족했는지 한동안 깔깔거리며 웃어댔다. 이윽고 그들은 서로 팔짱을 끼더니 어디론가 유유히 사라졌다. 이소타의 얼굴은 붉게 물들었다. 그녀는 당장이라도 광장의 보도를 두 갈래로 가르고 그 안으로 숨어버리고 싶었다. 베로나의 모든 시민들이 똑똑한 그녀가 엉뚱한 행동을 저질렀다는 사실을 알고 있는 듯했다. 심지어 그녀가 마땅한 벌을 받고 있다고 생각하는 것 같았다.

이소타와 지네브라는 귀족가문 출신으로 진보적인 사상을 지녔고 배움에 대한 열정도 각별했다. 그녀의 부모는 딸도 아들처럼 잘 교육시켜야 한다는 소신을 지닌 극소수의 귀족계층이었다. 그들은 마르티노 리초니(Martino Rizzoni)라는 개인교사에게 두 딸의 교육을 맡겼다. 리초니는 '인문주의'라는 새로운 교수법의 창시자이자 위대한 교육자인 구아리노 다 베로나(Guarino da Verona)의 제자였다. 이런 인문주의자들은 새로운 세대에게 유창한 웅변술과 실용적인 지식, 윤리적인 사상을 가르치고자 노력했다.

리초니는 노가롤라 자매에게 핵심적인 인문주의 과목들을 가르쳤다. 이 자매는 라틴 어에 대한 폭넓은 교육을 받았으며, 고대 기독교 문학을 비롯해 이교도 시인과 역사학자와 철학자의 작품과 저서를 두루 읽었다. 그들이 소홀히 여긴 과목이 있다면, 아마도 수사학이 유일했을 것이다. 그 당시 여자들은 특별히 웅변에 대한 기교를 배울 필요가 없었다. 그들은 여러 사람들과 어울려 사회생활을 할 필요도 없었을 뿐만 아니라 그런 생활이 허락되지도 않았기 때문이다.

이소타와 지네브라는 뛰어난 학생이었다. 10대 후반에 접어들면서 그들은 출중한 재능을 지닌 자매라는 평판을 얻었다. 이소타가 직접 쓴 유려한 문체의 산문들에서 몇몇 구절은 인근지역의 지식인들 사이에서 인용되기 시작했

| 인문주의 교육 |

중세의 교사들이 특정한 지식의 습득과 암기에 중점을 두었다면, 그리스와 로마의 고전에서 영향받은 르네상스 시대의 인문주의자들은 교육의 목적을 삶의 모든 영역에 대한 지식을 두루 갖춘 인재를 양성하는 것이라고 여겼다. 이런 교육은 대체로 가정에서 이루어져야 할 사항이었지만, 여성은 그 대상에서 제외되었다.

이탈리아 전역에 걸쳐 인문주의자들은 고전적인 교육을 실시하기 위한 학교를 설립한 데 이어, 시와 문법·수사학·역사·윤리철학을 가르쳤다. 그 중에서도 비토리노 다 펠트레가 만토바에 세운 학교와 구아리노 다 베로나가 페라라에 세운 학교가 가장 유명했다. 이 두 학교는 처음에 만토바와 페라라를 통치하던 곤차가 가와 에스테 가의 자제들을 위해 설립되었지만, 나중에는

구아리노 다 베로나(위)와
비토리노 다 펠트레(아래)는
고전에 대한 교육이 젊은이들의
정신수양을 위한 최고의 교수법이라고 여겼다.

다른 지역의 학생들과 빈민층의 총명한 학생들까지도 받아들였다.

오늘날과 마찬가지로 르네상스 시대의 일부 학생들도 새로운 교육방식을 좋아하지만은 않았다. 어린 시절 밀라노 공작 마시밀리아노 스포르차는 가장 큰 소원이 무엇이냐는 질문에 "학교에 다니지 않는 것입니다"라고 대답했다고 한다. ✲

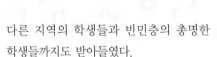

젊은 마시밀리아노 스포르차가 개인
교사의 눈을 피해 즐겁게 놀 수 있는 온갖
방법을 상상하는 장면을 묘사한 그림이다.

으며, 그 명성은 멀리 베네치아와 페라라까지 퍼져나갔다. 이소타를 칭찬하는 사람들은 그녀가 다른 여성들에 비해 아주 특출한 재능을 지녔다는 사실을 인정했다. 하지만 이런 찬사는 오히려 그녀를 불쾌하게 만들었다. 그녀는 뛰어난 재능을 타고난 천재가 아닌, 그저 평범한 사고력을 지닌 순수한 여학생으로 평가받기를 원했다.

그 당시 인문주의자로 명성을 얻고자 하는 청년들은 먼저 존경받는 학자들과 서신을 주고받는 것부터 시작했다. 만약 그들에게서 칭찬을 받았다면, 그 내용을 널리 공개하여 대중에게 인정받을 수 있었다. 이소타는 자신의 능력으로 학자들의 모임에 가입하고 싶은 마음이 간절했다. 따라서 그녀도 똑같은 방법을 시도했다. 그러나 처음부터 목표를 너무 높게 설정한 그녀는 당대 최고의 인문주의자 구아리노 다 베로나에게 직접 편지를 보냈다.

이소타의 이런 대담한 행동에 대한 소문은 순식간에 베로나의 상류층에까지 알려졌다. 그녀의 지적 열정을 경멸하던 상류사회 여성들은 이 철없는 애송이가 응분의 대가를 받는다면서 크게 기뻐했다. 이소타는 1437년 초반에 구아리노에게 편지를 보냈지만, 한 해가 다 저물어가도록 그 위대한 학자에게서 답장을 받지 못했던 것이다.

이소타는 자신을 조롱하던 여자들 때문에 마음의 상처를 입었다. 그녀는 지네브라와 시녀를 찾는 일을 포기하고, 성당 앞 광장을 지나 집으로 향했다. 너무나 화가 났기 때문에 주위 사람들의 못마땅한 시선도 아랑곳하지 않고 서둘러 발걸음을 재촉했다. 집으로 돌아온 그녀는 곧장 책상으로 달려가 펜을 집어들고, 구아리노에게 보낼 두 번째 편지를 쓰기 시작했다.

이소타는 처음 보낸 편지에서는 아주 신중하게 용어를 선택하며 격식을 갖추었다. 자신보다 무려 3배나 나이가 많은 당대의 석학에게 최대한 예의를 보인 것이었다. 그러나 이번에는 속상한 감정을 그대로 표현했다.

"이 세상에는 수많은 여자들이 있습니다. 그런데 왜 저는 여자로 태어나서

15세기에 제작된 왼쪽 그림을 통해 지식의 언덕은 바로 문법의 문에서부터 시작됨을 알 수 있다. 그 과정을 마치면 학자들은 산수·논리학·음악·천문학·기하학·수사학·신학을 공부했다.

젠틸레 벨리니가 그린 오른쪽 그림에서 추기경 베사리온(오른쪽)이 예수의 수난이 묘사된 비잔틴 성골함을 베네치아 교회의 대표단에게 소개하고 있다. 유명한 그리스 학자였던 베사리온은 이소타 노가롤라의 학문적 재능에 찬사를 보냈던 사람들 가운데 하나였다.

남자들에게 이처럼 온갖 수모를 당해야 합니까? 저 자신에게 그 질문을 던지고 대답해봅니다. 감히 당신에게 저를 사람들의 조롱거리로 만든 사람이 누군지 묻지 않겠습니다. 제게 답장을 보내주지 않은 공정하지 못한 당신의 행동 때문에 저는 이런 고통을 받고 있습니다. 아마도 이보다 더 큰 고통은 없을 겁니다."

그녀는 아주 낙관적인 마음으로 첫 번째 편지를 보냈다고 말했다. 그러나 아직도 그 편지에 대한 답장은 오지 않았다. 그녀는 예전에 그가 주변 사람들을 통해 자신에게 용기를 주었다는 사실을 밝혔다. "당신은 직접 제가 해내지 못할 일은 없다고 말했습니다. 하지만 이제 그 말을 입증할 방법이 없습니다. 제 기쁨은 슬픔으로 바뀌고 말았습니다." 그녀는 조롱거리가 되었고, 그것은 모두 그의 책임이었다. "베로나 시민들이 모두 저를 조롱하고 여자들은 저를 무시합니다."

이 편지를 받은 구아리노는 즉시 답장을 보냈다.

"오늘 저녁에 네 편지가 도착했다. 온통 불평과 비난의 말뿐이구나." 그는 답장을 보내지 않은 것에 대해 변명하지 않았다. 하지만 그를 실망시킨 것에 대해 그녀를 꾸짖었다. "나는 많은 지식을 쌓은 네가 명석한 두뇌를 지녔다는 사실을 알고 있다. 또 이제까지 네가 남자보다도 강한 영혼을 지니고 있어, 불굴의 투지로 모든 적들을 능히 감당할 수 있을 거라고 확신했다. 하지만 지금 너는 너무나 천박하고 한없이 나약한 여자인 듯하구나. 그렇게 너는 내가 생각했던 훌륭한 자질들을 전혀 갖추지 못했다는 사실을 입증하고 말았다."

이처럼 구아리노는 이소타에게 상처를 입히고 그 위에 소금까지 뿌렸다. 그러나 자신의 지나친 행동을 후회하듯 이내 여자의 나약한 측면을 교묘히 파고들어 새로운 투지를 일깨웠다. "항상 밝고 화사한 모습으로 지내면서 고귀한 자태와 확고한 신념을 갖도록 해라. 여자 안에서 남자를 창조해내는 것이다!"

그러나 지식인의 세계에는 수많은 위선자들이 어둠 속에서 그 모습을 감추고 있었다. 그들은 똑똑한 여성은 변태적일 뿐만 아니라 추잡하다고까지 매도했다. 1438년 베로나의 한 작가는 유창한 화술을 지닌 여성은 결코 정숙하지 않다면서 이소타를 비방하고 나섰다. 그는 그녀의 음란한 사생활을 근거로 내세웠다. "그녀는 육체적으로 성숙해져 자연스러운 성관계를 맺기도 전에 이미 자신의 오빠에게 소중한 처녀성을 내주었다."

이소타는 몹시 분노했지만, 그런 편협한 비방에 상처받지 않기 위해 묵묵히 참아냈다. 그녀는 자신을 조롱하고 손가락질하는 베로나를 떠나 도시 전체가 복잡한 수로로 이어진 베네치아로 이주했다. 당대 최고의 수상도시로 손꼽히던 베네치아는 엄청난 물자가 유통되는 동서교역의 중심지였다. 실크를 비롯해, 향신료·섬유·가죽·보석·유리와 같은 물품의 교역을 통해 막대한 부를 축적한 상인들은 117개의 섬과 150개의 운하로 이루어진 이 수상도시를 수많은 궁전과 교회들로 화려하게 장식했다. 또 그곳에서는 엄청난 물자의 교역과 더불어 새로운 사상의 교류도 활발히 이루어졌다.

이처럼 새로운 환경의 변화에 자극받은 이소타는 더욱 열심히 학문에 몰두했다. 그녀의 명성은 점점 더 높아져갔다. 하지만 그녀의 작품을 읽은 지식인 남자들은 여전히 그녀를 다른 여자들과 비교할 뿐이었다. 그들의 관심사는 언제나 그녀의 능력이 아니라 그녀의 성별이었던 것이다.

1441년 이소타는 베로나로 돌아왔다. 마침내 그녀는 인문주의자의 꿈을 포기하고, 모든 책을 오빠가 살고 있는 집의 구석진 방에 쌓아두었다. 그녀는 여자에게는 종교가 더 안정적인 주제라고 확신했다. 그후 25년 동안 그녀는 작은 방에서 수녀처럼 살면서 종교문학에 대한 연구에 전념했다.

만약 그녀가 남자였다면 결코 그런 선택을 하지는 않았을 것이다. 인문주의자를 꿈꾸는 남자들에게는 수많은 기회가 주어졌다. 인문주의자는 개인교사가 되어 왕실이나 명문가의 자제들을 가르칠 수 있었다. 또 정부의 고위관리들은 외교업무를 수행하기 위해 라틴 어를 유창하게 구사할 수 있는 비서들을 필요로 했다. 뿐만 아니라, 부유한 귀족들은 도서관이나 가족묘지를 장식할 풍자적인 그림과 상징적인 기념물을 도안하기 위해 철학자들을 고용했다.

이처럼 다양한 진로가 있었지만, 그 어떤 길도 이소타를 비롯한 일부 유능한 여자들에게는 열려 있지 않았다. 이따금 남자들은 뛰어난 재능을 지닌 젊은 여인에게 매료될 수도 있었지만, 학자로 활동하는 성숙한 여인은 대단히 위협적인 존재였다. 예를 들면, 카산드라 페델레(Cassandra Fedele)는 교양과목에 관한 연설에서 파도바 대학의 교수진과 학생들을 깜짝 놀라게 만들었다.

평범한 귀족들은 그저 가정생활에 보탬이 될 만큼 교육받은 아내를 원했다. 따라서 좋은 가문의 처녀들은 일단 모국어를 제대로 읽고 쓸 줄 알아야 했고, 단테의 작품을 조금씩 인용할 수 있어야 했으며, 가계부도 꼼꼼히 살필 수 있어야 했다. 여기에 바느질까지 잘한다면 금상첨화였다. 그러나 로마의 수사학이나 그리스 철학에 능통한 여자라면 지나치다 못해 아주 위험한 수준이었다.

"제가 결혼을 해야 할까요, 아니면 평생 배움에 전념해야 할까요?"

젊은 인문주의자 알레산드라 스칼라(Alessandra Scala)가 카산드라 페델레에게 질문했다.

"선천적으로 네게 잘 맞는 것을 선택하도록 해라."

카산드라가 마치 수수께끼처럼 애매모호한 말로 대답했다.

두 여자는 모두 결혼과 그에 따른 책임이 지식에 대한 열정을 식게 한다는 사실을 알고 있었다. 그러나 그들은 결국 결혼을 선택했으며, 손에서 책을 놓았다. 아내와 학자의 역할을 동시에 추구했던 여성 인문주의자는 브레시아 출신의 라우라 체레타가 유일했다. 하지만 그녀도 남편이 사망한 후에야 비로소 학문에 전념할 수 있었다.

반면, 연애나 출산에 대한 열망이 없는 여자들은 수녀원에 들어갔다. 그 당시 수녀원에서는 학문이 허용되었고, 한때는 적극적으로 장려되기까지 했다. 그러나 수도자의 삶도 학문의 자유를 보장하지는 못했다. 모든 수녀들은 항상 수녀원장의 지시에 따라야 했는데, 교회는 권위적인 남성들의 계급조직에 기반을 두고 있었다. 다행히 이소타는 가문의 재력과 명성 덕분에 자신의 적성과 취향에 맞는 독신생활을 누릴 수 있었다. 그녀의 방은 구석진 곳에 마련되어 번잡하거나 시끄럽지 않았다. 그 방에는 책들이 가득 꽂힌 책꽂이들을 비롯해 여러 성물(聖物)과 성수(聖水)가 담긴 병들이 잘 정돈되어 있었다. 한 방문객에 의하면, 십자가와 성자들의 모습을 수놓은 소박한 겉옷을 걸친 그녀의 모습은 '황금빛 예복과 화려한 외출복'을 입은 다른 친척 여인들과 극단적인 대조를 이루었다고 한다.

창문에서 들려오는 새들의 노랫소리를 제외하면 항상 조용한 방 안에서 이소타는 독서와 글쓰기로 하루를 보냈다. 하지만 그녀의 삶이 항상 외롭고 쓸쓸한 것만은 아니었다. 그녀는 어머니와 자매들과 어울려 지내는 시간을 좋아했다. 또 가끔씩 손님들이 찾아오기도 했다.

그녀를 자주 찾는 사람들 가운데 마테오 보소(Matteo Bosso)라는 학생이 있었다. 훗날 수사신부가 된 그는 이렇게 회상했다. "나는 연극이 끝나거나 수업이 끝나면 그녀를 찾아가 우아하고 현명한 그녀의 어머니와 함께 시간을 보내곤 했다. 나는 책들이 가지런히 정리된 방 안에 앉아서 그녀가 불러주는 감미로운 찬송가를 들으며 즐거워했다."

안토넬로 다 메시나의 1474년 작품 〈수태고지〉에서 성모 마리아는 하늘의 영광이 아닌 속세의 초라한 모습으로 묘사되었다. 중세미술의 화려한 성향에서 탈피한 이 그림에는 소박한 옷차림과 기도서가 등장한다. 르네상스 시대의 가정에서 흔히 찾아볼 수 있었던 이런 그림이나 조각상은 아이와 어른들로 하여금 항상 경건한 종교 생활에 헌신하도록 이끌었다.

예를 들면, 여자들은 이런 여성 성자의 그림을 보며 그들의 고귀한 삶을 본받기 위해 노력했다. "진정 동정녀 마리아가 당신을 통해 모든 경건함의 표본을 보여주시는군요." 베로나의 수사신부 파올로 마페이가 이소타에게 이렇게 말했다. "그녀의 소박함과 사랑, 겸손함을 절대로 잊지 마시오."

이소타는 정부관료와 인문주의자를 비롯해 추기경 베사리온과 베로나 주교 에르몰라오 바르바로와 같은 고위 성직자들과도 지적 교류를 가졌다. 하지만 그녀가 가장 소중히 여긴 사람은 바로 베네치아 출신의 베로나 장관 루도비코 포스카리니였다. 포스카리니(그는 인문주의자이자 변호사이며 외교관이자 정치가였다)와 이소타는 서로 학문에 대한 열정을 주고받았다. 두 사람은 지속적인 서신교환을 통해 서로의 사상을 공유하거나 여러 책들에 대해 토론하거나 철학적인 논쟁을 벌이기도 했다.

이런 지적 교류를 바탕으로 이소타는 포스카리니와 벌인 아담과 이브의 상대적 죄에 대한 논쟁을 담화집으로 써냈다. 여러 번에 걸친 창조적인 토론에서 그녀는 이브의 죄가 아담보다 덜하다는 것을 입증하기 위해 노력했다. 이소타는 아주 특별한 여성이었지만, 그처럼 출중한 재능도 그 당시의 편견을 극복해낼 수 있을 만큼 강하지는 않았다. 결국 그녀는 성별의 차이를 근거로 여성은 약자라는 구절을 인용하여, 이브가 아담보다 악마의 유혹을 뿌리치기 힘들었을 거라고 주장했다. 이 담화집은 당시에도 상당히 인정받았을 뿐만 아니라, 후대 학자들에게도 그 논쟁에 관한 고전으로 평가받았다.

그러나 두 사람의 관계는 단순한 동료의 차원을 넘어선 것이었다. 베로나를 통치하던 기간에 포스카리니는 이소타의 집을 자주 방문했으며, 그녀의 어머니와 오빠 안토니오와 함께 어울리며 밤늦은 시간까지 머물렀다. 그들의 관계는 정신적인 사랑이었지만, 강한 감정적인 교류가 이루어졌다. 두 사람 모두와 친분이 있었던 베로나 주교는 한때 포스카리니에게 이소타와 만나는 횟수를 줄이라고 충고했다. 자칫 그녀의 경건한 신앙생활에 지장을 초래할 수도 있었기 때문이다.

이소타를 찬양하던 남자들은 속세를 벗어나 수녀처럼 지내는 생활태도와 스스로 서약한 순결에 대한 맹세를 높이 평가했다. 이처럼 개인적인 수도생활에 전념하면서 그녀의 전혀 여성답지 않은 학문적 재능은 큰 위협으로 여겨지지 않았다. 그러나 이런 독신생활이 그녀에게 완전한 행복을 주지는 못했을지도 모른다. 그녀는 점차 건강을 잃고 만성적인 위장병과 신경통으로 고생하기 시작했다.

35세가 되던 해인 1453년에 이소타는 한 남자로부터 청혼을 받고 진지하게 고민했다. 그녀는 조언을 구하기 위해 포스카리니에게 편지를 보냈다. 그녀가 청혼을 받아들여야 할까? 그의 대답은 너무나 명확했다. 절대로 결혼해서는 안된다는 것이었다. 어떻게 그녀가 결혼이라는 세속적인 쾌락을 위해 경건하고 신성한 삶을 포기하겠다는 생각을 할 수 있단 말인가? 이소타는 답장을 보내서 그의 생각이 옳다고 인정했다. 비록 힘든 길이지만 그녀가 스스로 선택한 독신생활이 훨씬 더 고귀하다는 것이었다. 그녀는 소중한 친구인 그에게도 속세의 삶을 버리고 자신과 같은 길을 선택하자고 권유했다. 그러면 두 사람이 함께 경건한 삶을 공유할 수 있을 터였다.

그러나 포스카리니는 그녀의 제안을 단번에 거절했다. 어떻게 그녀가 베네치아 제국의 지도자이자 남편과 아버지로서 가정과 국정의 책임을 지고 있는 한 남성에게 그런 제안을 할 수 있단 말인가? 이소타와 달리 그는 정신적인 삶에 전념해야 한다는 절실한 욕구를 느끼지 못했다. 이소타는 나약한 존재인 여성이었으며, 부득이 힘든 선택을 해야만 했다. 결국 그녀에게 청혼했던 남자는 실망한 채 돌아설 수밖에 없었고, 이소타는 48세를 일기로 세상을 떠날 때까지 독신으로 살았다.

의복과 장신구

"모든 사람은 나이와 사회적 지위에 맞게 옷을 잘 입어야 한다." 이 말은 16세기에 조반니 델라 카사가 자신이 직접 저술한 예법을 다룬 책에서 언급한 내용이다. "만약 그렇지 않다면, 그 사람의 옷차림은 다른 사람들에게 경멸의 상징으로 여겨질 것이다." 르네상스 시대 이탈리아 부유층은 그 말을 십분 받아들였다. 그들은 피렌체에서 열린 한 결혼식에 참석하는 하객들을 묘사한 오른쪽 그림처럼 화려하고 이국적인 의상을 만들기 위해 재단사와 자수업자를 고용했다.

옷감 재질도 섬세한 리넨부터, 양모·실크·다마스크, 무늬를 넣은 벨벳에 이르기까지 아주 다양하고 고급스러운 재료를 사용했다. 또 금실과 은실로 수를 놓고 진주를 비롯한 온갖 보석 장식으로 화려함을 더했으며, 그에 따라 옷값도 상승했다. 그러나 부자들은 이런 호화로운 생활을 마음껏 즐겼다. '위대한 로렌초'로 알려진 로렌초 데 메디치는 무려 30벌이 넘는 예복을 소유했는데, 그중 몇 벌은 일가족 4명인 중산층 가정의 1년 생활비보다도 비싼 가격이었다.

이처럼 의복에 엄청난 돈을 낭비하는 성향을 막기 위해 정부는 사치금지법을 제정했다. 일례로, 1452년 볼로냐에서 열린 한 결혼식에 참석한 몇몇 여성들은 금지된 장식과 색상의 옷을 입었다는 이유로 추방되었다. 하지만 수많은 여성들이 옷차림은 사회적 지위를 나타낸다고 주장하며 거세게 반발했다. 1453년 한 귀족여성은 "의복과 장신구는 우리의 가치를 나타내는 표상이다"라는 글을 남겼다.

1500년경에 그려진 그림으로서 베네치아 여성 2명이 애완동물들과 함께 한가로이 휴식을 즐기고 있다. 가슴이 훤히 보일 정도로 깊숙이 패고 가장자리를 진주로 장식한 이러한 스타일은 베네치아와 밀라노를 비롯한 북부도시들에서 유행하던 것이었다. 그나마 전통적인 형태에 가까운 점이라면 소매가 분리된다는 것이었는데, 이처럼 소매가 갈라지면 그 사이로 속옷의 소매가 살며시 드러나 보였다. 양쪽 소매는 얇은 끈으로 연결한 매듭이 일정한 간격을 두고 어깨까지 이어져 있다.

플랫폼 슈즈는 드레스의 옷단이 더러운 진창에 끌리지 않도록 해준다. 사교계의 여성들은 밑창의 높이가 10~35cm에 이르는 높은 신발을 신고 시녀의 도움을 받으며 걸었다.

여성들의 패션, 겹겹이 입혀진 화려함을 향한 열망

여성들은 전형적으로 치장뿐만 아니라 보온을 위해서도 리넨 슈미즈, 양모나 실크 속옷, 화려한 겉옷까지 세 겹의 옷을 갖추어 입었다. 대체로 섬세한 재질이 사용되는 겉옷은 수수한 모양(나이 든 여성들이 선호했다)으로 만들어지거나, 보석이나 가죽으로 장식된 화려한 모양으로 만들어졌다.

드레스의 디자인은 어깨에서 곧장 아래로 내려오는 가운 형태에서부터, 가슴 바로 아래에서 좁아지는 형태와 자연스러운 허리를 강조하는 형태에 이르기까지 아주 다양했는데, 길게 늘어지는 옷자락이 두드러진 특징이었다. 그러나 스커트는 대부분 바닥에 질질 끌리기만 할 뿐이었다. 15세기 초반에는 넓은 소매가 크게 유행했지만, 시간이 지나면서 솔기를 통해 안감이 비치는 좁은 소매가 차츰 인기를 끌었다.

피렌체 여인들이 가문의 문장인 비둘기와 불타는 태양을 섬세하게 수놓은 황금빛 가운을 입은 채 서로 얼굴을 마주보며 서 있다. 오른쪽 여성이 입은 옆구리가 틘 가운은 속옷의 형태를 훤히 드러내고 있다. 가장 왼쪽에 있는 여성이 입고 있는 가운도 속옷의 모습을 살짝 드러내는데, V자 형태의 목 부분은 레이스가 달린 몸통 부분뿐만 아니라 그 안에 입은 슈미즈까지 받쳐주었다.

이마를 넓게 만들어 키가 커 보이게
하기 위해 핀을 꽂은 여인은 금실과
진주로 장식한 모자 속으로 자신의
금발을 밀어올렸다. 머리장식은
가장자리를 황금과 진주로 처리한
투명한 베일로 깔끔하게 마무리되었다.
짧은 삼각형 베일은 젊은 여성들
사이에서 유행했으며, 어깨까지 내려오는
사각형 베일은 나이 든 여성들이 선호했다.

한 여성이 피부를 보호하기
위해 커다란 챙이 달린 모자를
쓰고 있지만 정작 그녀의
머리는 강렬한 햇살에 고스란히
노출되어 있다. 금발은
여자들이 가장 선호하는
머리색이었던 반면, 남자들은
머리카락을 검은색으로 염색했다.

패션의 마무리, 머리장식과 보석

르네상스 시대 여인들은 옷차림과 완벽한 조화를 이루기 위해 머리도 아주 세심하게 손질하고 아름다운 장신구들로 장식했다. 심지어 머리카락을 뽑는 경우도 있었다. 시인이자 작가인 조반니 보카치오(Giovanni Boccaccio)에 의하면, 미용사들은 손님으로 찾아온 귀부인들의 키를 훨씬 더 커 보이게 만들기 위해 눈썹과 이마에 난 털을 뽑아주기도 했다고 한다. 그러나 보다 자연스러운 스타일이 유행하면서 여자들은 머리카락을 땋거나 말아서 머리 위로 올리기 시작했다.

보석은 아주 중요한 장신구였다. 특히 1400년대 후반에는 목선이 아래로 내려오면서 보석의 중요성은 더욱 강조되었다. 정부는 사치금지법을 통해 값비싼 보석의 소비(심지어 한 사람이 착용할 수 있는 반지의 개수도 제한했다)를 억제하려고 노력했다. 그러나 유행에 민감한 여성들은 이런 법을 교묘히 피하는 방법을 찾아냈다.

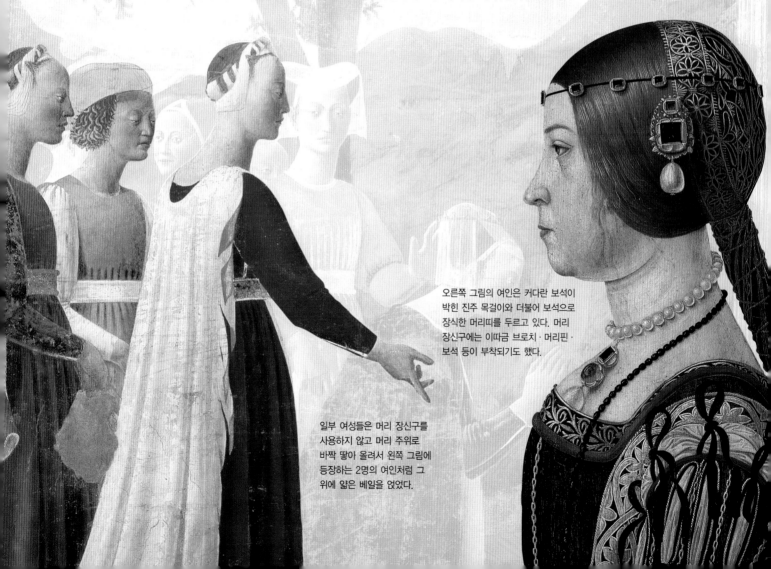

오른쪽 그림의 여인은 커다란 보석이 박힌 진주 목걸이와 더불어 보석으로 장식한 머리띠를 두르고 있다. 머리 장신구에는 이따금 브로치 · 머리핀 · 보석 등이 부착되기도 했다.

일부 여성들은 머리 장신구를 사용하지 않고 머리 주위로 바짝 땋아 올려서 왼쪽 그림에 등장하는 2명의 여인처럼 그 위에 얇은 베일을 얹었다.

베네치아의 한 청년(왼쪽)이 무릎까지
내려오는 튜닉을 입고 있다. 소매가 넓고
목에 레이스가 달린 이 튜닉은 속에 입은
셔츠의 모습을 드러낸다. 그의 옆에
사냥용 매를 들고 서 있는 또 다른
귀족청년은 탁 트인 소매에 화려한
장식을 한 더블릿을 입고 있다.

그림에서 젊은 청년이 입은 셔츠 자락은
더블릿 아래로 내려오고 있다. 엉덩이 높이까지
올라간 긴 양말은 더블릿 밑부분의 가장자리를
따라 이어진 구멍에 레이스로 연결되었다.

남성들의 기본적인 복식

르네상스 시대 남성 복장은 세 가지 기본요소로 이루어졌다. 섬세한 리넨으로 만든 소매 긴 셔츠, 더블릿이나 몸에 딱 맞는 재킷, 그리고 실로 짜거나 천으로 만든 긴 양말이었다. 더블릿은 보통 옷깃이 짧고 소매가 긴 편이었는데, 유행에 따라 다소 차이가 있지만 길이는 대개 허리 바로 아래까지 내려왔다. 긴 양말은 밑창이 가죽으로 만들어져 따로 신발을 신을 필요가 없었다. 이런 긴 양말은 보통 더블릿 밑부분에 단단히 연결되었다.

나이 든 남자들(주로 공무원들이나 학자들)은 길고 품위 있는 예복을 입었고, 젊은 남자들은 무릎까지 내려오는 튜닉을 걸쳤다. 15세기 초반 이런 튜닉은 허리에 두른 벨트를 경계로 주름진 모양을 연출했는데, 특히 넓은 소매는 사치 금지법의 단속대상이 되었다.

두 가지 색조의 긴 양말에 아주 풍만하고 화려한 튜닉을 걸친 시에나 출신의 멋쟁이 신사(왼쪽)가 근엄한 옷차림을 한 피렌체 출신의 남자들(오른쪽)과 극명한 대비를 이루고 있다. 그들이 걸친 예복은 평범하지만 색상이 짙었고, 가장자리를 둥글게 말아놓은 모자는 수시로 떼었다가 붙일 수 있었다.

2 :: 허영의 불꽃

부활절에 그의 정적들이 그를 암살할 계획을 세웠을 때, 로렌초 데 메디치는 평소처럼 피렌체 성당의 종소리를 들으며 잠에서 깨어났다. 이른 아침에 울리는 그 종소리는 성벽으로 둘러싸인 도시로 진입할 수 있는 10개의 대문이 열리는 동시에, 해질녘부터 동틀녘까지 모든 사람들에게 적용되는 통행금지가 끝나는 것을 알리는 신호였다. 마치 요새 같은 메디치 궁전의 몇 안되는 창문을 통해 로렌초는 비좁고 구불구불한 거리에서 점차 활기가 솟아나는 소리를 들을 수 있었다.

1478년 4월의 어느 날 아침에 일어난 그는 성당에서 열리는 장엄미사에 동행할 아주 중요한 손님에 대해 생각했다. 바로 교황 식스투스 4세의 종손이자 17세의 젊은 추기경인 라파엘레 리아리오였다. 이따금 로렌초는 자신을 방문하는 고위층 인사들을 접대했지만, 리아리오는 아주 특별한 경우였다. 여러 해 동안 교황과 반목했던 그는 이번에 리아리오에게 호의를 보이면서 교황과의 관계를 개선하고자 했다. 미사가 끝난 후 로렌초는 리아리오를 집으로 초대하여, 메디치 궁전을 피렌체의 손꼽히는 명소로 만들었던 여러 보물들(그림·조각·골동품)을 보여줄 생각이었다. 또 저녁에는 그 젊은 추기경을

안드레아 델 베로키오가 제작한 이 흉상에서 로렌초 데 메디치는 평범한 시민처럼 수수한 차림새를 하고 있다. 그러나 굳게 다문 입과 주름진 이마는 그가 피렌체 공화국의 지도자로서 아주 막중한 역할을 담당하고 있다는 사실을 암시한다. 칭호를 제외한 모든 면에서 사실상 통치자나 다름없었던 로렌초는 적대적인 귀족들로부터 자신의 지위를 지킴과 동시에 다른 도시국가들과 평화적인 관계를 유지하기 위해 많은 노력을 기울였다.

위해 성대한 연회를 베풀 계획까지 세워놓았다.

이처럼 부호와 권력가들을 접대하는 일은 피렌체의 지도자이자 시민으로서 로렌초가 수행하는 여러 역할 중 하나에 불과했다. 명목상으로는 공화제였지만 이 번창한 도시국가와 인근 토스카나 지역은 소수의 귀족가문들에 의해 통치되었다. 그중에서도 가장 두드러진 가문은 바로 막강한 은행업을 기반으로 부상한 메디치 가였다. 이 메디치 가의 가장인 로렌초는 자타가 공인하는 피렌체의 정치적 지도자였다.

그러나 로렌초의 외모는 전혀 지도자 같지 않았다. 키가 크고 체격도 좋았던 그는 정치가보다 운동선수에 가까운 편이었다. 그는 항상 수수하고 어두운 색깔의 옷을 즐겨 입었다. 얼굴이 거무스레한 그는 눈썹이 짙어 근엄한 인상이었으며, 지나치게 돌출한 턱 때문에 아랫입술이 거의 윗입술을 뒤덮었다. 푹 주저앉은 큰 코는 마치 코뼈가 부러진 듯했고, 냄새도 잘 맡지 못했다. 그의 목소리는 비음이 섞인데다 아주 날카로웠다.

이런 로렌초를 피렌체에서 가장 매력적인 인물로 만든 원동력은 바로 삶에 대한 강한 열정이었다. 그는 사실상 모든 분야에 관심을 두었고, 대부분의 분야에서 탁월한 능력을 발휘했다. 그는 플라톤의 사상을 공부했고, 수금을 연주했으며, 건축물까지도 설계했다. 교외의 별장에서는 정원을 가꾸고, 돼지와 꿩을 길렀으며, 경주마를 사육했고, 사냥과 낚시도 즐겼다. 이따금 치즈를 만드는 실험도 했고, 그곳을 방문하는 장인들을 비롯해 작가나 학자들과 더불어 고전의 문장이나 철학적 난제에 대한 이야기도 나누었다. 그는 토스카나 방언으로 시를 지었고, 경건한 찬송가뿐만 아니라 음탕한 노래들도 작곡했다. 또 가장무도회와 야외극을 후원하면서 뛰어난 예술가들을 고용하여 다양한 가면들을 만들고 무대를 화려하게 장식했다. 그는 이런 공연들을 축하할 노래들도 작곡했다. "쾌락을 원하는 자들이여, 그 기분에 젖어들어라. 내일 어떤 일이 벌어질지는 아무도 모른다."

르네상스 시대 피렌체의 다른 건물들과 마찬가지로 메디치 궁전도 요새와 같은 외형을 지니고 있다. 필리포 브루넬레스키는 로렌초의 할아버지인 코시모 데 메디치를 위해 웅장한 궁전을 설계했지만, 이 신중한 은행가는 자칫 정적들의 시기와 질투를 유발할 수도 있다고 걱정하면서 미켈로초 미켈로치가 설계한 다소 투박한 이 도면을 선택했다. 그럼에도 1450년대 이 메디치 궁전이 완공되었을 때, 한 귀족은 "로마의 콜로세움까지 그림자를 드리울 만한 거대한 궁전을 지었다"고 코시모를 비난했다.

이 건물의 모퉁이에는 메디치 가의 문장이 장식되었다. 그 문장은 위쪽 사진에 있는 것처럼 황금색 바탕에 붉은색 원들이 일정한 간격으로 배치된 모습이었다. 이 붉은색 원들은 어쩌면 알약을 상징할 수도 있는데, 그 이름에서 알 수 있듯이 메디치 가가 의학과 연관이 있다는 추측도 제기되었다.

로렌초는 불 같은 경쟁심만큼 뛰어난 재능과 열정을 지녔다. 그 당시 한 사람은 이렇게 말했다. "그는 시를 짓거나, 제전에 참가하거나, 운동을 할 때조차 그와 비슷한 실력을 발휘하거나 그를 흉내내는 사람은 절대로 용납하지 않았다." 로렌초는 30대에 접어들기도 전에 이미 르네상스 시대 남성의 표본이 되어 있었다.

미사에 참석하기 전에 로렌초는 아내 클라리체와 3명의 자녀들과 메디치 궁전 2층에서 아침식사를 했다. 아마도 그는 젊은 추기경 리아리오를 위한 연회에 대해 아내와 이야기를 나누었을 것이다. 로마 출신의 클라리체는 교황과의 관계를 개선하려는 남편을 돕기 위해 노력했다. 그녀의 가문은 로마에서 막강한 권력을 행사했고 로렌초는 그들의 정략적인 요청으로 그녀와 결혼했다. 비록 사랑은 아닐지라도 두 사람은 서로에게 호의를 보였다. 하지만 자녀에 관한 문제들을 제외하면 그들에게는 공통의 관심사가 거의 없었다. 게다가 피렌체 상류층의 남성들과 마찬가지로 로렌초도 여러 명의 정부를 거느리고 있었다.

그날 아침 로렌초는 메디치 궁전의 다른 처소에 살고 있던 동생 줄리아노를 방문했을 것이다. 줄리아노는 로렌초와 젊은 추기경과 함께 성당까지 동행했다. 형 로렌초보다 4세 연하인 줄리아노는 음악과 시를 사랑했고, 메디치 가에서 후원하던 마상경기를 좋아했다. 하지만 그는 정치에는 전혀 관심이 없었기 때문에 정치나 사업은 형에게 맡기고 홀가분하게 지내는 것에 만족했다.

한편 메디치 궁전에 머물고 있던 추기경 리아리오는 제의를 갈아입고 있었다. 오전 11시가 지난 직후 로렌초가 그를 만나기 위해 내려왔다. 이윽고 두 사람은 조각상들이 늘어선 메디치 궁전의 실내정원과 거대한 문들을 지나서 라르가 거리로 나왔다.

메디치 궁전은 30년 전 로렌초의 할아버지인 코시모 데 메디치(Cosimo de Medici)가 세운 것이었다. 그는 1층을 아주 크고 넓게 설계하여 가업에 필요한 사무실과 회계실은 물론, 호화스러운 연회실과 유명한 화가 베노초 고촐리의 프레스코 벽화들과 우아한 대리석으로 장식한 예배당까지 마련했다. 코시모 생전에 메디치 가의 구성원은 무려 50명까지 늘어난 적도 있었다. 메디치 궁전을 방문했던 한 사람은 내부에 마련된 창고, 저장실, 부엌, 화장실, 우물, 하인들의 숙소를 둘러보고 너무나 감탄한 나머지, "코시모는 그 어느 것 하나도 허술하게 만들지 않았다"는 말을 남겼다.

코시모는 이 웅장한 건물을 세웠을 뿐만 아니라, 이른바 메디치 가로 알려진 막강한 사업적·정치적 세력을 구축한 인물이었다. 1428년 그는 아버지로부터 이미 16개 도시에 지사를 거느리고 있던 유럽 최대 규모의 은행을 물려받았다. 이 은행을 기반으로 그는 뛰어난 수완을 발휘하여, 실크 제조업을 비롯해 양모산업, 향신료와 극동지역에서 생산되는 진귀한 산물들에 대한 무역업, 염료 및 유리제조에 필수적인 명반사업까지 그 영역을 확장하여 거대한 산업제국을 탄생시켰다. 피렌체 최고의 갑부인 코시모는 교회와 인문주의의 적극적인 후원자가 되어 산로렌초 교회와 산마르코 교회의 재건축에 자금을 지원했고, 유럽 전역에 산재한 고대서적과 문헌을 수집하여 보관했다.

정치적 측면에서도 코시모는 최고의 지위에 올랐다. 하지만 그 자리는 혹독한 시련을 겪으며 권력에 대한 소중한 교훈을 깨닫고 난 후에 얻은 것이었다. 그 당시 피렌체는 '시뇨리아'로 알려진 9명의 시의원으로 구성된 위원회에 의해 통치되었다. 그중 8명의 의원은 후보자들의 이름이 담긴 가죽자루에서 추첨을 통해 선출되었다. 그들은 모두 상인과 장인, 전문기술자를 대표하는 피렌체의 21개 길드에서 시의원에 적합한 인물로 추천받은 사람들이었다. 이런 식으로 선출된 8명의 의원이 위원장 역할을 담당하는 아홉 번째 의원인 최고행정관을 선발했다. 그들은 2개월의 임기 동안 하루에 두 번씩 시뇨리아

15세기 피렌체의 전경이 담긴 이 그림에는 종교적·정치적 중추인 피렌체 성당과 시뇨리아 궁전, 그리고 이 도시국가의 경제적 성장에 크게 공헌한 아르노 강이 특히 두드러진 모습으로 묘사되었다. 비록 이따금 엄청난 홍수를 일으키기는 했지만, 아르노 강은 피렌체의 소중한 젖줄로서 방직공장에서 옷을 만드는 데 필요한 물을 공급하고, 방앗간에서 곡식을 빻을 수 있는 원동력을 제공했으며, 무역상들에게는 50마일 떨어진 바다까지 이동할 수 있는 수로가 되었다. 아르노 강은 물고기와 야생조류가 풍부해서 식량자원으로 활용할 수 있었을 뿐만 아니라, 끊임없이 흐르는 강물을 도시위생에 사용할 수도 있었다. 또 탐미주의적 성향을 지닌 피렌체 시민들에게는 아름다운 경관을 선사했다.

궁전에 모여서 회의를 열었다.

피렌체 시민들은 이 통치체제에 대해 자부심을 가졌다. 하지만 그것은 민주주의와는 거리가 멀었다. 일단 대다수의 시민들은 이 체제에서 배제되었다. 남자 시민들의 약 80%는 특권과 혜택이 주어지는 길드에 들어갈 수 없었다. 결국 시의원에 선출될 자격을 갖는 사람들은 고작 6,000명에 불과한 30세 이상의 남자 길드원들뿐이었다. 더욱이 시뇨리아는 피렌체의 부유한 가문들이 장악하고 있었는데, 그들은 권력을 차지하기 위해 이따금 처절한 싸움을 벌이기도 했다. 일례로, 알비치 가는 메디치 가를 몹시 증오했다. 그들은 대중을 위한 정책을 펼친 코시모의 업적을 시기했고, 그의 부친이 주도했던 빈민자들을 위한 세제개혁에 대해 불만을 품었다. 1433년 알비치 가는 시뇨리아를 장악했고, 결국 코시모를 파도바로 추방했다.

그러나 1년 후에 새로이 구성된 시뇨리아는 코시모의 귀국을 허용했다. 이 쓰라린 경험을 통해 코시모는 피렌체 정부를 확실히 장악하기로 결심했다. 비록 잠시나마 최고행정관을 역임했지만 그는 단순히 시뇨리아를 장악하는 방법을 활용하지는 않았다. 오히려 막후에서 금품과 대출을 통해 새로운 정치적 체제를 구축했다. 이윽고 그는 대내외적으로 공화제의 실질적인 지도자가 되었다. 1464년 코시모가 사망하면서 그 자리는 아들 피에로에게 세습되었다. 5년 후 피에로는 다시 그 자리를 로렌초에게 물려주고 세상을 떠났다.

그 당시 20세에 불과했던 젊은 로렌초는 이미 아버지 치하에서 외교관으로 활동했고, 할아버지 슬하에서 권력에 대한 교훈을 깨우쳤다. 하지만 로렌초도 지난날 할아버지를 거의 파멸의 직전까지 몰았던 권력의 쓰라린 교훈을 직접 체험하기까지 그리 오랜 시간이 걸리지 않았다. 이번에는 보수적 귀족 가문인 파치(Pazzi) 가가 그의 정적으로 등장했다. 파치 가는 피렌체에서 두 번째로 큰 은행을 운영했지만, 메디치 가는 그들에게 공직에 오르거나 사회적 명예를 누릴 수 있는 기회를 허용하지 않았다. 이처럼 언제 터질지 모르 피렌체 성당은 수많은 유명인사들이 설교했던 장소로서 무려 3만 명에 달하는 인원을 수용할 수 있었다. 1296년에 착공한 이 성당은 브루넬레스키가 로마 시대 이후 가장 거대한 돔을 완성한 1436년에 이르러서야 비로소 완공되었다. 피렌체 성당은 단순한 예배당의 차원을 넘어 피렌체 시민의 긍지를 담은 불후의 유산이었다.

는 적대적인 음모는 난데없이 제3의 인물이 개입되면서 한층 더 복잡해졌다. 그는 바로 교황 식스투스 4세였다.

처음에 식스투스 4세와 메디치 가는 돈독한 관계를 유지했다. 로렌초는 1471년에 거행된 교황 취임식에 사절단을 이끌고 참석했고, 메디치 은행은 교황청의 재정을 담당하는 사업을 차지했다. 그러나 우호적인 관계는 순식간에 무너졌다. 그 당시 교황들은 사리사욕에 눈이 멀었다는 악평에 시달렸는데, 설상가상으로 식스투스 4세는 전례가 없었던 엄청난 족벌체제를 구축하려는 성향까지 드러냈다. 그는 6명의 조카를 추기경에 임명했을 뿐만 아니라, 교황령을 비롯한 인근지역에서 자신의 정치적 권력을 강화하기 위해 온갖 수단을 동원했다. 식스투스 4세와 로렌초는 피렌체와 아드리아 해 중간에

위치한 전략적 요충지 이몰라를 두고 대립하기 시작했다. 교황은 로렌초가 그 지역을 매입하려 한다는 소문을 듣고 그곳을 자신의 영토로 만들겠다고 결심했다. 메디치 은행이 그 거래를 막기 위해 자금을 대출해주지 않자, 식스투스 4세는 메디치 가의 정적인 파치 가에게로 시선을 돌렸다. 파치 가는 즉시 자금을 조달해줌으로써 메디치 은행으로부터 교황청의 재정을 담당하는 사업을 인수하는 일에 착수했다.

로렌초와 식스투스 4세는 다른 문제들로도 충돌했다. 교황은 피사의 주교로 메디치 가와 적대적인 피렌체의 또 다른 명문가인 살비아티 가 출신의 인물을 임명했다. 토스카나에 위치한 항구도시 피사는 피렌체의 지배를 받았기 때문에, 로렌초는 대주교 임명자 프란체스코 살비아티가 취임하지 못하도록 제지하며 교황에게 보복했다. 이윽고 그는 교황령과 대립하던 베네치아와 밀라노와 연합하여 강력한 북부동맹을 구축하면서 교황을 더욱 난처하게 만들었다.

식스투스 4세는 메디치 가를 너무나 증오했던 나머지, 그들에게서 권력을 빼앗기 위한 음모를 지원하기로 약속했다. 이 음모의 주모자는 대주교 살비아티와 파치 은행의 로마 지사장 프란체스코 데 파치였다. 교황은 그들에게 확실한 지시를 내렸다. "나는 그 누구도 죽는 것을 원하지 않소. 그저 정권만 교체해주시오. 이제 가서 그대들이 원하는 것을 실행하시오. 하지만 그 누구도 죽어서는 안되오."

그러나 이 주모자들이 계획한 것은 바로 암살음모였다. 그들은 로렌초와 줄리아노 형제를 살해하고 그 혼란을 틈타서 권력을 차지하려고 했던 것이다. 이 암살사건은 1478년 부활절 장엄미사가 열리는 성당에서 추기경 리아리오(그는 이 음모에 관여하지 않았다)가 메디치 가의 주빈으로 등장하는 그 순간에 벌어졌다.

피렌체 대성당은 메디치 궁전에서 아주 가까운 거리에 있었다. 따라서 부활절 아침에 로렌초와 젊은 리아리오는 걸어가기로 결심했다. 그들은 라르가 거리를 지나다가, 로렌초의 제지로 말미암아 피사 주교에 취임하지 못한 대주교 프란체스코 살비아티와 마주쳤다. 살비아티는 반갑게 이야기하며 한동안 두 사람과 동행했다. 그러나 그는 성당에 도착하기 전에 자신의 어머니가 위독해서 문안을 가야 한다고 말하며 그들과 헤어졌다. 하지만 그는 그곳에서 남쪽으로 60km 떨어진 아르노 강 인근에 있는 시뇨리아 궁전으로 향했다. 바로 이 음모에서 그가 담당한 역할인 정부를 장악하는 임무를 수행하기 위해서였다.

성당에 들어온 로렌초는 리아리오를 제단으로 안내하고, 자신은 본당 오른쪽에 모여 있던 친구들과 이야기하기 위해 걸어갔다. 부활절에는 성당에 좌석을 준비하지 않기 때문에 사람들은 미사가 시작하기 전까지 자유롭게 돌아다닐 수 있었다. 그들은 항간에 떠도는 소문들에 대해 이야기하거나 정치적인 대화를 나누기도 했다. 심지어 사업상 거래를 벌이는 경우도 있었다.

이처럼 로렌초가 사람들과 어울리는 동안 줄리아노가 성당으로 들어와서 본당 왼쪽에 자리를 잡았다. 그의 주위로 프란체스코 데 파치와 베르나르도 디 반디니 바론첼리(Bernardo di Bandini Baroncelli)가 암살을 시도하기 위해 서성거리고 있었다.

마침내 미사가 시작되면서 추기경 리아리오는 아무것도 모른 채 이 암살자들에게 신호를 보냈다. 그가 성체(영성체의 신성한 빵-옮긴이)를 들어올리자 사람들은 일제히 고개를 숙였다. 바로 그 순간 암살자들이 재빠르게 움직이기 시작했다. 고개를 숙인 줄리아노의 뒤에서 고함소리가 들렸다. "저 반역자를 잡아라!" 그와 동시에 바론첼리가 온힘을 다해 단검으로 줄리아노의 머리를 내리쳤다. 이윽고 프란체스코가 줄리아노를 바닥에 쓰러뜨리고 무려 18차례도 넘게 그의 몸을 찔러댔다. 프란체스코는 너무나 흥분했던 나머지 실수로 자신의 다리까지 찌르고 말았다.

　줄리아노가 바닥에 쓰러지던 그 순간에 로렌초도 다른 암살자들로부터 공격을 받고 있었다. 그들(메디치 가를 증오하던 2명의 사제였다)도 이미 로렌초의 뒤에서 자리잡고 있었다. 한 사내가 미리 정해놓은 신호에 맞추어 로렌초를 단검으로 찌르기 위해 그의 어깨에 손을 올렸다. 하지만 그 동작은 몹시 어설펐다. 로렌초는 자신의 목에 칼날이 닿는 것을 느끼고 재빨리 자리에서 일어났다. 그는 즉시 칼을 뽑아들어 깜짝 놀라 서 있는 암살자를 베었다. 이윽고 그는 제단의 난간을 뛰어넘어 공포에 떨고 있는 추기경 리아리오를 지나 성구실을 향해 달려갔다.

　줄리아노를 살해한 프란체스코가 갑작스러운 소란에 당황한 사람들 사이를 헤치며 뒤따라 달려왔다. 그는 로렌초의 친구 한 명을 쓰러뜨려 죽이고, 또 다른 친구 1명에게는 부상을 입혔다. 하지만 그가 성구실에 도착하기 전에 로렌초와 몇몇 동료들은 육중한 청동문을 지나 무사히 성구실 안으로 들어가서 재빨리 문을 닫았다. 제복과 성구가 보관된 성구실 안에서 동료 한 명이 로렌초의 목에 난 상처에서 피를 빨아냈다. 혹시 단검에 독이라도 묻어 있을 경우를 대비한 조치였다. 로렌초는 동생 줄리아노를 걱정했다. 그러나 누구도 선뜻 그 사실을 이야기하지 못했다. 이미 그는 이 세상 사람이 아니었기 때문이다.

　한편, 대주교 살비아티는 수행원들로 위장한 용병들을 이끌고 시뇨리아 궁전에 도착했다. 그는 교황의 긴급한 전갈을 가져왔다고 말하며 위원회장으로 들어갔다. 건물 안으로 들어온 살비아티는 수행원들과 떨어지려고 하지 않았다. 더욱이 그가 극도로 긴장한 듯한 모습을 보이자 시의원들은 수상한 기운을 감지했다. 최고행정관은 즉시 경비대를 불러서 살비아티를 체포했다. 이

산드로 보티첼리가 그린 초상화로서, 아래로 시선을 향한 줄리아노 데 메디치의 모습은 그의 이른 죽음을 암시하고 있다. 아래쪽에 앉아 있는 비둘기는 그의 죽음에 대한 애도를 나타내며, 뒤쪽으로 열려진 창문은 그가 후세로 떠나는 것을 상징한다.

익고 줄리아노의 암살소식이 시뇨리아 궁전에 전해지면서 대주교는 목에 밧줄이 묶인 채 건물의 한 창문에 매달리는 신세가 되었다.

　피렌체 시민들은 이 음모에 가담했거나 동조했다고 의심되는 다른 80명의 용의자들도 모두 사형에 처했다. 그중에는 프란체스코 데 파치도 포함되었다. 집 안에 은신해 있다가 체포된 줄리아노의 살해범은 시뇨리아 궁전으로 끌려왔다. 자신이 휘두른 칼에 허벅지를 찔린 그는 여전히 피를 흘리고 있었다. 마침내 프란체스코가 살비아티의 시체 옆에서 교수형에 처해지자 광장에 운집한 수많은 사람들은 일제히 환호성을 내질렀다.

　식스투스 4세는 메디치 가를 제거하려는 음모가 실패로 돌아간 것에 몹시 분노했다. 이제 로렌초는 그를 이 모든 악행을 선동한 주모자라고 비난했다. 교황은 자신이 임명한 피사 대주교를 처형한 것에 대한 보복으로 로마에 있는 메디치 은행의 자산을 몰수하고, 피렌체의 모든 종교활동을 금지했으며, 로렌초를 비롯한 피렌체의 고위인사들을 모두 파문했다. 그러나 로렌초는 전혀 동요하지 않았다. "그저 내가 살아 있다는 것을 제외하면 나는 교황에게 아무런 죄를 범하지 않았다." 그는 프랑스 국왕에게 이런 내용의 편지를 보냈다. "그것이 바로 내가 저지른 죄다."

　결국 교황은 피렌체를 상대로 전쟁을 선포하면서, 남부에 위치한 나폴리의 국왕 페르디난드 1세를 설득하여 도움을 요청했다. 그들의 군대는 토스카나 지역을 침략하여 오직 용병들로만 구성된 피렌체의 군대를 순식간에 격파했다. 1479년 12월, 로렌초는 자신이 통치하는 도시에 치명적인 위기가 닥쳤다는 사실을 깨달았다. 이 전쟁이 오직 자신 한 사람을 겨냥한 것이라고 확신한 그는 대담하게 행동하기로 결심했다. 그는 은밀히 피사로 떠나 그곳에서 나폴리로 향하는 배에 올랐다. 피렌체의 시뇨리아 궁전에는 그런 자신의 행동을 해명하는 편지 한 통을 남겨두었다. "내가 직접 그들의 본거지에 들어가는 것은 우리 시민들에게 평화를 되찾아주기 위한 것이오."

이런 과감한 행동에는 상당한 위험이 뒤따랐지만, 로렌초는 현명하게 처신하며 그들의 마음을 돌렸다. 그는 사전에 나폴리 법원과 접촉하여 자신이 가혹한 대우를 받지 않도록 조치를 취했다. 더욱이 그는 금화가 잔뜩 담긴 돈자루를 준비하고 자신의 영토까지 저당을 설정하여 여러 자선단체들과 다른 유력한 기관들에게까지 호의를 베풀었다.

나폴리에서 로렌초는 포로이자 손님이었다. 그는 타고난 매력과 뛰어난 재치로 페르디난드 국왕으로부터 호감을 샀다. 두 사람은 함께 사냥도 나가고 시에 대한 대화도 나누었다. 로렌초는 군사와 정치에 대한 문제들을 논의하면서, 만약 피렌체가 무너지고 교황이 지나치게 강해지면 나폴리도 위험해진다는 사실을 강조했다. 1480년 3월, 무려 10주에 걸친 오랜 체류 끝에 마침내 로렌초는 성대한 환영을 받으며 피렌체로 귀국했다. 그때 그의 손에는 나폴리 국왕과 맺은 평화조약이 쥐어져 있었다.

로렌초의 탁월한 외교능력은 향후 10년 동안 이탈리아 반도에 평화를 가져왔다. 그는 교황 식스투스 4세에 대항하여 나폴리와 연합했다. 이윽고 베네치아가 세력의 균형을 위협하자 새로이 교황이 된 인노켄티우스 8세와 동맹을 맺었다. 그는 교황이 사제가 되기 전에 낳은 아들과 자신의 딸을 결혼시킴으로써 동맹관계를 한층 강화했다. 그는 교황을 설득하여 당시 13세에 불과했던 아들 조반니를 추기경으로 임명하겠다는 약속(이것은 정기적인 뇌물상납을 통해 이루어진 것이 분명했다)을 받아낸 후에 스스로 '우리 가문의 가장 위대한 업적'이라고 자랑했다. 훗날 조반니는 교황 레오 10세가 되었다.

로렌초는 국외에서의 성공뿐만 아니라, 국내에서의 관대한 통치로 '위대한 자'라는 칭호까지 얻었다. 그는 문화의 황금기로 알려진 시대를 이끌었다. 젊은 예술가들을 양성하는 학원을 설립했고, 그곳에서 미켈란젤로 부오나로티라는 어린 화가를 발굴하여 메디치 궁전으로 받아들였다. 당시 15세에 불과했던 미켈란젤로에게는 방 하나가 따로 주어졌고, 가족 테이블에서 식사

1479년에 일어난 메디치 가 암살 음모자 베르나르도의 처형 장면을 레오나르도 다 빈치가 스케치한 것. 그는 통상적으로 자신의 작품 뒤편에 쓰는 글에서 교수형을 당한 남자의 옷차림에 대해 묘사했다. 베르나르도는 줄리아노를 살해한 후 콘스탄티노플로 도주했지만, 로렌초는 술탄에게 그 살인범을 피렌체로 송환해줄 것을 요청했다.

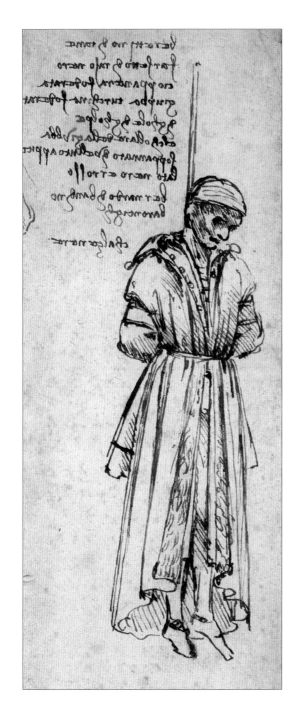

할 수 있는 권한도 주어졌다. 그러나 아무리 훌륭한 작품을 완성해도 메디치 가는 많은 보수를 제공하지는 않았다. 로렌초는 할아버지를 닮아 관대한 성품을 지녔지만, 불행히도 사업에 대한 감각과 수완이 부족했다. 결국 '위대한 자'의 치하에서 메디치 은행은 쇠퇴하기 시작했다.

설상가상으로 정치적인 측면에서도 위기가 찾아왔다. 시민들의 불만이 커지면서 로렌초는 점차 독재자로 인식되었다. 그의 맹렬한 비판자이자 젊은 수도사였던 지롤라모 사보나롤라는 메디치 가로부터 많은 후원을 받은 산마르코 수도원에서 로렌초에게 엄청난 독설을 퍼부었다. 수많은 시민들이 나서서 말린 연후에야 이 건방진 수도사는 비로소 진정하게 되었다. "당장 가서 로렌초에게 그동안 저지른 죄들을 뉘우치라고 전하라. 왜냐하면 하나님께서 그에게 벌을 내리실 것이기 때문이다."

사보나롤라는 군중의 관심을 이끌어내는 데 성공했다. 하지만 대다수의 피렌체 시민들은 아마도 어느 역사학자가 로렌초에 대해 내린 다음과 같은 평가에 공감했을 것이다. "만약 피렌체가 독재자를 원한다면 그보다 더 유능하고 나은 사람은 결코 찾을 수 없을 것이다."

한편, 로렌초는 사보나롤라의 비난을 진심으로 받아들였다. 1492년 봄, 심각한 통풍 증상으로 의사들이 조제한 진주를 비롯한 보석들로 만든 가루약을 먹고 극심한 위장장애로 고통받던 로렌초는 사보나롤라를 불러들였다. 이 수도사는 로렌초가 누운 침대 옆으로 다가와 그의 죄를 사면했다. 며칠 후, 로렌초는 결국 43세의 나이로 세상을 떠났다.

| 르네상스 시대의 교황들 |

로마 가톨릭 교회에 의하면, 교황은 아주 오래 전으로 거슬러올라가 예수의 사도이자 로마의 첫 번째 주교인 베드로의 직계후손이라고 한다. 예수는 베드로에게 이렇게 말했다. "내가 천국의 열쇠를 네게 주리니. 네가 땅에서 무엇이든 매면 하늘에서도 매일 것이요, 네가 땅에서 무엇이든 풀면 하늘에서도 풀리리라." AD 64년, 베드로가 사망한 이후로 로마의 교황들은 지상에서 하나님의 대리인이자 전세계 교회의 수장임을 천명했다.

중세에 로마는 남쪽으로는 나폴리, 북쪽으로는 피렌체와 시에나와 경계를 이루는 교황령의 심장부였다. 그곳에서 교황은 종교 지도자로 활동했을 뿐만 아니라, 세속적으로도 대단히 중요한 지위를 차지했다.

그러나 1309년 클레멘스 5세는 로마가 아닌 프랑스 남부 아비뇽을 교황의 주재지로 선택하여 프랑스의 왕이 교황을 장악하는 것을 공인했다. 이윽고 1378년 가톨릭 교회의 대분열이 일어나면서 처음에는 2명, 나중에는 3명의 교황이 최고의 자리를 두고 경쟁하게 되었다.

이런 교회의 대분열은 1417년 마르티누스 5세가 교황에 선출되어 교황청이 로마로 옮겨지면서 비로소 종식되었다. 그러나 한때 서구세계에서 가장 화려한 수도였던 로마는 이제 폐허뿐인 지방도시로 전락하고 말았다. 이처럼 폐허로 변한 바로 그 도시를 르네상스 인문주의자들이 위대한 고대 문명의 유산으로 숭배하기 시작했다. 이때부터 로마는 자체적인 르네상스를 맞이하게 되었다.

15세기 전반에 걸쳐 여러 교황들은 이 도시를 과거의 화려했던 모습으로 복구하려는 계획에 착수했다. 세속적이고 화려하며 이따금 불멸의 존재이기도 했던 르네상스 시대의 교황들은 교회 성직자로서 일시적인 권력에 집

위 프레스코 벽화는 성벽으로
둘러싸인 로마를 그린 작품으로
15세기에 제작되었다. 이 벽화에는
콜로세움(왼쪽 중앙)을 비롯해
파르테논 신전(오른쪽 중앙),
셉티미우스 세베루스의 아치
(콜로세움 앞쪽)와 같은,
인문주의자들이 그토록 찬양하던
고대의 건축물들이 묘사되었다.
이 도시는 그곳에 살던 교황들에
의해 르네상스 시대의 새로운
수도로 변모했다.

왼쪽 그림은 1458년에 거행된
피우스 2세의 대관식을 묘사한
작품이다. 피우스 2세는 작가이자
학자인 동시에 인문주의자였다.
그의 반지(위) 윗면에는 인장이
새겨져 있었는데, 1464년 그가
세상을 떠날 때 인장을 부수고
그 자리에 보석을 끼워넣었다.

식스투스 4세가 인문주의자 플라티나를 바티칸
도서관장으로 임명하고 있다. 식스투스 4세는 노골적인
족벌주의로 악명을 떨쳤다. 그림에서 플라티나 옆에는
교황의 조카이자 훗날 교황 율리우스 2세가 되는
추기경 줄리아노 델라 로베레가 서 있다.

위 초상화는 60세에 교황에
오른 율리우스 2세를 그린
것으로, 아마도 라파엘로가
그의 데스 마스크를 보고
그렸을 것으로 추측된다.
율리우스 2세는 미켈란젤로에게
시스티나 예배당의 천장벽화를,
브라만테에게 성 베드로
대성당의 프레스코 벽화를,
라파엘로에게 바티칸 궁전의
벽화를 그리게 하는 등 예술을
적극적으로 후원한 교황이었다.

이 초상화에서는 전혀
드러나지 않지만, 알렉산데르
6세(로드리고 보르자)는
여성편력으로 악명을 떨친
교황이었다. 그는 루크레치아와
체사레를 비롯해 수많은
자녀들을 두었다. 알렉산데르
6세도 적극적으로 예술을 후원한
교황으로, 라파엘로, 미켈란젤로,
브라만테를 비롯한 당대의
뛰어난 예술가들의 활동을 지원했다.

착했던 만큼이나 마치 하나님인 것처럼 예술에도 크게 공헌했다.

그중에서도 피우스 2세(1458~1464)는 예술을 적극적으로 후원하고, 인문주의 교육을 통한 계몽에 힘썼다. 프란체스코 수도사 출신의 식스투스 4세(1471~1484)는 뇌물로 교황의 자리에 올라 스페인 종교재판을 승인하고 시스티나 예배당을 건설했다. 가장 악명 높은 교황으로 손꼽히는 알렉산데르 6세(1492~1503)는 바티칸에서 정부(情婦)를 거느리고 살면서 수많은 친척들에게 요직을 분배했다. 뛰어난 행정가이자 군사전략가이며 외교관이었던 율리우스 2세(1503~1513)는 로마의 성 베드로 대성당을 재건하고, 미켈란젤로를 통해 시스티나 예배당의 벽화를 제작했다. 마지막으로 레오 10세(1513~1521)가 재위하면서 교황의 권력과 사치는 절정에 이르렀다.

이 교황들은 예술적으로 소중한 유산을 확립하고 로마를 부활시켰다. 하지만 부패하고 세속적인 그들은 16세기 기독교 세계를 휩쓸었던 엄청난 격변에 책임이 있었다. 성 베드로 대성당의 건축에 필요한 자금을 확보하기 위해 율리우스 2세와 레오 10세가 성직을 매매하는 악습을 이어가자 비텐베르크에서 마르틴 루터가 반발하고 나섰던 것이다. 결국 교회의 부패를 공박한 루터의 95개 조항은 종교개혁의 시발점이 되었다. ✳

율리우스 2세의 후계자인 레오 10세는 로렌초 데 메디치의 둘째 아들이었다. 그는 아주 사치스러운 인물로, 프로테스탄트 종교개혁을 주창한 마르틴 루터를 파문한 장본인이었다.

그는 메디치 궁전 맞은편에 위치한 산로렌초 성당의 성구실에 안치되었다. 14년 전, 바로 그곳에서 벌어진 암살음모로 인해 먼저 세상을 떠난 동생 줄리아노의 옆자리였다.

항상 사람들로 북적대는 토르나부오니 거리에 위치한 루카 란두치(Luca Landucci)의 약재상은 흥분과 긴장으로 분주했다. 루카는 약초를 건네고 처방(코피에 대한 그의 처방은 기도하면서 두 손가락으로 코를 막는 것이었다)을 내리면서 손님들과 최근의 정치적 사건들에 대해 대화를 나누었다. 오늘의 화제는 단연 피렌체로 진격하기 위해 집결한 외국군대에 대한 이야기였다.

사보나롤라는 이런 사태를 예견하지 못했을까? 루카는 틀림없이 이와 같은 질문을 손님들에게 던졌을 것이다. "이제 곧 하나님의 칼이 지상을 내리칠 것이다." 이 피렌체의 성직자는 여러 차례에 걸쳐 죄 많은 피렌체 시민들이 알프스를 넘어 밀려드는 '마치 거대한 면도날로 무장한 이발사들 같은'

무시무시한 외국의 적들에게 공격당하게 된다고 예언했다. 이제 그 예언이 현실로 다가오고 있었다. 불과 1주일 전(로렌초가 사망한 지 2년 후) 메디치 가는 권력을 잃고 쫓겨났다. 바로 그 외국군대의 공격이 원인이었다. 엄청난 규모의 프랑스 군대가 북부 이탈리아를 침략했으며, 프랑스 국왕 샤를 8세는 조만간 피렌체 거리에서 벌일 승전행진을 눈앞에 두고 있었다.

지난 여러 해 동안 루카는 수많은 사건들을 지켜보았다. 58세의 중년남성으로 성품이 착하고 유순한 그는 언제나 사람들로 북적대는 구(舊)시장 메르카토 베키오의 한 약재상에서 도제로 일하던 10대부터 약재들을 거래해왔다. 약제사는 의사와 더불어 피렌체의 길드 조직에서 높은 위치에 있었다. 또 그들은 '부유층'에 속하는 신분이었다.

루카는 결혼도 아주 잘했다. 그의 표현에 따르면, 아내 살베스트라는 '훌륭한 미덕을 갖춘 사랑스러운 반려자'로서 그에게 단 한 번도 화가 날 원인을 제공한 적이 없었다. 그녀는 결혼 지참금으로 400플로린을 가져왔으며, 자녀들도 무려 12명이나 출산했다. 루카는 그 돈으로 피렌체에서 가장 좋은 위치에 가게를 마련할 수 있었다. 유일한 문제라면 그의 약재상 건너편에 스트로치 궁전을 세우면서 먼지가 몹시 날리고 소음이 심해졌다는 것뿐이었다. 벌써 5년 전에 시작된 이 공사는 도무지 끝날 기미가 보이지 않았다.

이런 루카가 역사에서 주목받는 요인은 바로 그가 남긴 일기 때문이다. 그는 1450년에 태어나 1516년에 세상을 떠날 때까지 무려 66년 동안 자신이 직접 보았거나, 수많은 손님들과 정부인사들에게서 들었던 내용을 꼼꼼히 기록으로 남겼다. 그 일기에는 오랜 세월 동안의 날씨와 아르노 강이 범람한 시기가 빠짐없이 적혀 있었다. 그는 포도를 비롯해 무화과와 옥수수의 작황에 대한 내용도 적었다. 또 피렌체에서 벌어진 종교행사들과 정치적 사건들에 대한 기록도 있었다. 최근의 정치적 소식은 프랑스 군대의 침략과 메디치 가의 운명에 대한 내용이 대부분을 차지했다.

1492년 로렌초가 사망한 후, 피에로 데 메디치는 아버지의 유지를 이어받아 피렌체 공화정의 지도자가 되었다. 그러나 피에로는 로렌초에게서 국내의 동맹세력들과 국외의 적대세력들을 처리하는 섬세한 감각까지 물려받지는 못했다. 이런 그의 결점은 1494년 가을에 프랑스 국왕 샤를 8세가 오랜 세월에 걸쳐 주장하던 나폴리 왕국의 소유권을 내세우며 알프스를 넘어 이탈리아로 진격하던 순간에 명확히 드러나게 되었다.

샤를 8세는 프랑스 군대가 토스카나 지방을 무사히 통과할 수 있도록 해줄 것을 요구했다. 하지만 그 당시 22세에 불과했던 피에로는 쉽게 결단을 내리지 못하고 망설였다. 처음에 나폴리를 지지하던 그는 프랑스 군대가 위협하자 15년 전 교황과 나폴리를 상대로 전쟁을 치르던 당시에 그의 아버지가 활용했던 과감한 수법을 그대로 흉내냈다.

그러나 토스카나 경계 인근에서 샤를 8세를 만난 피에로는 프랑스 국왕의 요구에 굴복하고 말았다. 이윽고 샤를 8세는 피사(그는 즉시 피렌체로부터 해방시켰다)를 점령했고, 피렌체 서부의 몇몇 요새들까지 함락한 후, 남쪽으로 진군하는 프랑스 군대의 후미를 보호하는 교두보로 삼았다. 피에로는 이 대규모 원정에 나선 프랑스 국왕에게 무려 20만 플로린을 대출해주기까지 했다. 사전에 어떤 논의도 받지 못했던 시뇨리아의 의원들은 이런 엄청난 협상이 이루어졌다는 사실을 알고 크게 분노했다. 결국 그들은 피에로와 메디치 일가를 추방시켰다. 지난 60년 만에 처음으로 피렌체 정부에는 메디치 가의 일원이 단 1명도 남아 있지 않았다. 피렌체 시민들은 희망과 불안이 교차하는 복잡한 심정으로 프랑스 군대를 맞이하게 되었다.

모든 피렌체 시민들과 마찬가지로 루카 란두치도 샤를 8세가 도시에 입성하는 모습을 고대하고 있었다. 1494년 11월 17일 월요일 오후, 그는 일찌감치 약재상을 닫고 서둘러 피렌체 대성당으로 발걸음을 옮겼다. 그곳은 프랑스 국왕이 시내에서 처음으로 들르게 될 장소였기 때문이다. 성당으로 향하던 도중에 그는 조만간 프랑스 병사들이 숙소로 사용할 집들의 문에 표시된 분필 자국을 보았다.

프랑스 국왕의 피렌체 입성은 엄청난 장관을 이루었다. 황금왕관을 쓰고 황금빛 갑옷과 망토를 걸친 샤를 8세는 아주 잘생긴 검은 말을 타고 있었다. 그는 전통에 따라 정복자의 위상에 걸맞게 하늘 높이 창을 치켜올렸다. 양쪽으로 여러 장군들을 거느린 그는 4명의 기사들이 떠받드는 차양 아래에서 위풍당당하게 행진했다. 그 뒤로 왕실근위대를 비롯해, 보병 1만 명, 기마병 3,000기, 궁수 4,000명, 석궁수 2,000명까지 총 1만 9,000명에 달하는 엄청난 대군이 따라오고 있었다.

이 행렬은 군중이 밀집한 비좁은 거리를 천천히 이동했다. 마침내 샤를 8세가 피렌체 대성당에 도착했을 때는 이미 해가 지고 난 뒤였다. 하지만 그때까지 집으로 돌아간 시민은 단 한 명도 없었다. 루카는 그 당시 상황을 이렇게 적었다. "모든 피렌체 시민들이 그곳에 모여 있었다." 피렌체 정부는 이미 시민들에게 프랑스 군대를 열렬히 환영하라고 지시했다. "남녀노소를 불문하고 모든 시민들이 환호성을 내질렀다."

루카는 프랑스 국왕이 성당으로 들어가기 위해 말에서 내리는 순간에 군중의 분위기가 변하는 것을 감지했다. "사람들은 말에서 내린 그의 모습을 보고 다소 실망하는 듯했다. 그는 아주 조그만 사내에 불과했던 것이다." 더욱이 성당의 제단에 오르기 위해 횃불이 켜진 본당을 지나면서 샤를 8세는 구부정한 자세로 다소 절뚝거리며 걸었다. 그 모습은 주체할 수 없을 정도로 발이 크다는 인상을 주었다. 삽시간에 이 왜소한 프랑스 인은 양쪽 발 모두 발가락이 6개라는 말이 군중 사이로 퍼져나갔다.

그러나 피렌체 시민들은 다시금 환호하기 시작했다. 미사를 끝낸 샤를 8세가 말에 올라 "프랑스 만세"를 외쳤기 때문이다. 이윽고 그는 피렌체에 머무는 기간에 숙소로 사용할 메디치 궁전으로 향했다.

프랑스 국왕은 피렌체 시민들에게 평화와 안식을 가져다줄 것이라고 선언했다. 그는 자신에게 우호적인 태도를 보인 피에로 데 메디치에게 권력을 되돌려줄 것을 요구했다. 그러나 시뇨리아는 군대를 동원하여 저항할 태세를 갖추며 그 요구를 거절했다. 이처럼 긴장이 증폭되면서 일부 시민들은 프랑스 군대에게 돌을 던지기 시작했다. 최악의 상황을 염려한 루카와 다른 상인들은 서둘러 점포 문을 닫고 집 안에 머물렀다. 루카는 그 당시 상황을 이렇게 적었다. "무시무시한 공포에 휩싸이면서 피렌체 전체가 문을 굳게 걸어잠그고 있었다."

절망에 사로잡힌 피렌체를 대표하여 예언가이자 수도사인 사보나롤라가 프랑스 국왕을 설득할 사절로 나섰다. 그는 샤를 8세에게 피렌체의 해방자이자 정의의 수호자이며 하나님의 사도라는 찬사를 보냈다. 이어 그는 하나님은 프랑스 국왕이 피렌체에 우호적인 태도를 보이기를 원하며, 프랑스 군대가 피렌체를 떠나지 않는 것에 분노한다고 덧붙였다.

결국 사보나롤라의 예언(더불어 시뇨리아는 프랑스에 상당한 보상을 약속했다)은 피렌체 시민들이 기대하던 결과를 이끌어냈다. 샤를 8세와 프랑스 군대는 피렌체를 떠나 나폴리를 점령하기 위해 남쪽으로 향했다. 이제 루카를 비롯한 다른 시민들의 눈에는 사보나롤라가 기적을 일으킨 것으로 보였다. 이 42세의 수도사는 바야흐로 위대한 예언자로 피렌체 시민들로부터 환대를 받았다.

사보나롤라의 갑작스러운 부상은 그가 피렌체 출신이 아닌 이방인이라는 점에서 더욱 주목할 만한 사건이었다. 페라라 출신인 그는 할아버지와 아버지가 모두 의사였다. 특히 그의 할아버지는 알폰소 데스테 공작의 주치의로, 온천수와 알코올의 효과를 발견한 인물이었다. 그러나 어린 사보나롤라는 영혼의 분석에 더 많은 관심을 가졌다. 그는 시작(詩作)과 수금 연주를 즐겼는데, 사랑하는 연인에게 버림받은 후 슬픔을 견디지 못하고 집을 떠나 볼로냐에 있는 도미니쿠스 수도회에 가입했다. 그는 불과 23세의 나이에 아버지에

프란체스코 그라나치가 1494년 11월 17일 피렌체에 입성하는 프랑스 군대의 모습을 그린 이 그림에서 샤를 8세와 그의 병사들이 메디치 궁전(왼쪽)을 지나 행진하고 있다. 훗날 이 프랑스 군대는 평화적으로 물러났지만, 피렌체는 오랜 세월 이어온 불가침의 영역이라는 명성을 회복하지 못했다.

게 이런 편지를 썼다. "저는 더이상 어리석은 이탈리아 인들이 저지르는 악행을 두고볼 수 없습니다."

사보나롤라는 외모로 볼 때 매력이라곤 전혀 찾아볼 수 없는 인물이었다. 그는 키도 작고 몸도 여위었을 뿐만 아니라, 커다란 매부리코에 입술도 두툼하고 짙은 눈썹 아래로 초록빛 눈을 지녔다. 초창기에 그는 뛰어난 설교자도 아니었다. 그러나 1481년 도미니쿠스 수도회의 지시로 피렌체에 파견된 후 그는 자신의 목소리를 찾았다. 그것은 단순하고 투박했지만 강력한 계시였다. 산마르코 성당의 연단에서 그는 교황을 비롯해 다른 성직자들과 은행가들, 군주들뿐만 아니라 인문주의 문학과 예술까지 비난했다. 또 사회의 부조리와 빈민의 고통을 비판하면서, '절망에 빠진 사람들을 위한 설교자'라는

루카 델라 로비아와 그의 조카 안드레아가 제작한 이 테라코타 명판은 피렌체의 두 길드를 상징하는 것이다. 위쪽은 의사와 약제사 길드의 휘장이고, 아래쪽은 석공과 목수 길드의 휘장이다. 이 두 길드는 연간 근로일수를 결정하는 일에서부터 상인계층에게 정치적 발언권을 보장하는 일에 이르기까지 시내에서 일어나는 모든 분야에서 아주 적극적인 활동을 펼쳤다.

명성을 얻었다. 그는 피렌체 시민들이 회개하지 않으면 최후의 심판을 받게 될 것이라고 선언했다.

사보나롤라는 수많은 추종자들을 거느리게 되었다. 그들은 그의 열정적이고 강직한 성품에 매료되었다. 이따금 엄청난 군중이 몰려들어서 부득이 성당에서 설교해야 할 경우도 있었다. 그는 단순한 방법으로 아주 강력한 효과를 거두었다. "이 설교는 내가 하는 것이 아니라 하나님께서 내 입을 통해 말씀하시는 것이다."

비록 일부에서는 그를 반역자로 몰았지만, 프랑스 침략 이후로 사보나롤라의 권위는 나날이 높아만 갔다. 피렌체는 프랑스의 침략으로 경제가 침체되었고, 피사를 잃으면서 해상으로 진출하는 경로마저 차단되었다. 결국 수많은 상점들이 문을 닫았고, 대부분의 농토는 휴경지로 변하고 말았다. 피렌체 시민들은 지도자를 열망했다. 그때 이미 여러 차례 피렌체의 불운을 예언했던 사보나롤라는 개혁을 통해 이런 위기를 타개할 수 있는 구원자로 여겨졌다. 루카에 의하면, 그는 날마다 성당의 연단에 올라가 열정적인 태도로 피렌체 시민들에게 정부형태를 개선해야 한다고 설교했다. 그의 연설을 듣기 위해 1만 4,000명에 달하는 엄청난 인파가 몰려드는 경우도 빈번했다. 사보나롤라는 하나님께서 이탈리아 전역의 영적 부활을 위한 중심지로 이 도시를 선택했다고 선언했다. 그는 "피렌체가 그 어느 때보다도 부유하고 강력하고 영광스러운 도시가 될 것"이라고 장담했다.

이런 사보나롤라의 노력에 크게 힘입어, 피렌체는 정부의 구성범위를 대폭적으로 확대한 새로운 통치체제를 채택했다. 이 개혁은 메디치 가가 정권을 장악하고 반세기가 지난 후에 이루어진 것이었다. 정부는 과중한 세금을 축소했으며, 빈민들에게는 낮은 이자로 돈을 대출해주는 기구를 설립했다. 사보나롤라의 개혁정책은 시민들의 불만을 누그러뜨리는 데 결정적인 역할을 했다. 그러나 루카는 그의 가장 위대한 업적은 젊은이들에게 미친 영향력이라고 생각했다. 특히 그는 사순절을 앞두고 벌어지는 사육제를 경건한 신앙과 선행을 실천하는 시기로 변모시켰다.

사육제 기간에 젊은이들은 대부분 돌던지기를 비롯해 다른 짓궂은 놀이를 즐겼다. 그러나 1496년의 사육제를 맞이하면서 사보나롤라는 5세부터 16세의 소년 6,000명에게 머리를 짧게 깎고 거리로 나가서 빈민들을 위한 구호품을 수집하도록 지시했다. 사육제 마지막 날 이 소년단(그들은 '희망단'으로 불렸다)은 도시의 4개 지역에 모였다. 그들은 올리브 나뭇가지를 들고 찬송가를 부르며, 그동안 수집한 구호품을 전달하기 위해 성당으로 향했다. 루카는 "내 아들도 이처럼 순수한 마음을 지닌 희망단에서 활동하고 있다"면서 대단히 자랑스러워했다. 그는 성당으로 향하는 아이들이 부르는 찬송가를 들으며 마치 천사들의 합창을 듣는 듯한 기분과 함께 영혼의 안식을 느꼈다.

사보나롤라는 희망단에게 풍기단속반의 역할도 부여했다. 그들은 거리를 돌아다니며 수도사가 강조하는 새로운 윤리강령(그는 도박과 사치스러운 복장, 신성모독을 금지했다)을 시행했다. 시민들도 대부분 이 어린 개혁가들에게 갈채를 보냈다. 루카는 이렇게 적었다. "그들에게 반발하는 사람은 그 누구라도 목숨을 부지하기 어려웠다."

사보나롤라는 1497년의 사육제에서는 이 희망단에게 맡길 보다 위대한 임무를 구상했다. 이번에는 소년들뿐만 아니라 소녀들에게도 '고물'을 수집하라고 지시했다. 아이들은 집집마다 돌아다니며, 가면·옷·거울·화장품·가발·향수·악기·책·그림에 이르기까지

델라 로비아가 제작한 이 명판들은 각각 실크 제조 길드(위)와 양모 제조 길드(아래)를 나타낸다. 이런 명판들은 피렌체의 장인들과 상인들이 후원하는 오르산미켈레 교회의 전면을 장식했다. 이 길드들은 미켈란젤로의 〈다비드 상〉을 비롯한 수많은 예술작품과 건축물의 제작을 적극 지원했다.

113

음란하거나 이단적인 것으로 여겨지는 '헛된 것들'을 모았다.

그들은 이런 물건들을 가지고 시뇨리아 광장으로 모여들었다. 마치 거대한 피라미드처럼 무려 20m에 달하는 높이로 쌓인 이 고물들 가운데는 간혹 소중한 원고와 예술작품(일부는 작가나 화가가 직접 기부한 것이다)도 섞여 있었다. 이윽고 종소리가 울리고 트럼펫 연주와 성가대의 합창이 들리자 흰옷을 입은 어린이들이 불을 피우기 시작했다. 그것은 피렌체에서 최초로 타오른 허영을 불태운 불꽃이었다.

사보나롤라의 행동은 격렬한 분쟁을 일으켰을 뿐만 아니라, 노골적인 증오심마저 유발했다. 피렌체의 유력한 인사들은 그가 금지하기 시작한 술집과 매음굴과 도박장을 간절히 원했다. 프란체스코 수도사들과 다른 지역의 성직자들은 교회를 공격하는 그를 비난했다. 대중을 위한 정부를 찬양하는 그에게 반대하던 젊은 귀족들은 그의 추종자들을 '젖을 보채는 아이들'이라고 조롱하면서 청부업자들을 고용하여 그가 설교하는 장소에서 북을 치며 방해하도록 했다. 그러나 사보나롤라의 가장 위험한 적은 바로 교황 알렉산데르 6세였다.

화려한 옷차림의 사공들이 이끄는 곤돌라들이 중심 수로인 그란데 운하를 운행하고 있다. 그 주위로 베네치아 공화국의 상업 중심지인 리알토 다리 부근에 수많은 귀족과 상인, 순례자와 금융업자가 모여 있다.

높은 곳에서 내려다본 베네치아의 모습에서 그란데
운하가 마치 뱀처럼 구불구불하게 도시를 연결하고
있다. 수많은 무역선은 베네치아 상인들이 지중해의
다른 지역과 활발한 교역을 펼칠 수 있는 수단이었다.

| 가장 평화로운 공화국 |

르네상스 이탈리아의 모든 도시국가들 중에서도 베네치아 공화국은 유일한 해상제국
이었다. 이 제국은 아드리아 해 동부 연안, 크레타 섬과 키프로스 섬, 그리고 베네토로
알려진 이탈리아 본토의 상당한 부분을 아우르고 있었다. 그러나 정작 베네치아 공화국
의 심장부는 수많은 섬들로 이루어진 군도였다.

베네치아는 AD 568년, 게르만 출신의 롬바르드 족이 이탈리아 북부로 이주하여 그 지
역의 원주민들을 아드리아 해 연안까지 이끌고 내려오면서 탄생했다. 그곳에서 수많은
산호섬들이 결집되어, 르네상스 시대의 가장 막강한 무역제국으로 탄생하게 될 도시국가
로 발전했다.

초창기 베네치아는 기독교 세계의 중심지인 로마와 경쟁하던 대도시 콘스탄티노플을
수도로 하는 비잔티움의 세력권에 들어갔다. 이 해상도시는 동서무역과 여행의 교차로로
서 다양한 문화가 혼재하는 문화의 도가니가 되었다. 9세기 무렵 베네치아는 복음 전도
자인 성 마가를 수호성인으로 세우고 총독 혹은 대공을 국가의 수반으로 삼는
독립공화국으로 발전했다.

1501년부터 1521년까지 베네치아 대공을 지낸 레오나르도
로레단(Leonardo Loredan)이 베네치아 공화국의 수장을 상징하는
뿔 모양의 모자인 코르누를 쓰고 있다. 이 대공은 종신제로
운영되었는데, 그들은 무려 1000년 넘게 베네치아를 통치했다.

그후 베네치아는 지중해 전역에 걸친 무역을 장악하게 되었다. 1204년, 베네치아의 뱃사람들과 십자군 기사들은 콘스탄티노플을 정복하고 그곳의 엄청난 부를 유럽으로 가져왔다. 1378년부터 1381년까지 벌어진 전쟁에서 베네치아는 강력한 경쟁상대인 제노바를 물리치고 최강의 해상도시로 군림했다. 1400년대에는 이탈리아 본토로 시선을 돌려, 서쪽으로는 베로나·브레시아·베르가모, 동쪽으로는 트리에스테까지 국경을 확장했다. 또 여러 차례에 걸쳐 알프스를 넘으면서 유럽의 다른 지역으로도 진출을 시도했다. 이제 베네치아는 해상국가일 뿐만 아니라 육상국가로 성장했다.

그러나 베네치아가 이처럼 강력한 공화국으로 성공할 수 있었던 근원은 상업이었고, 그 기반은 바로 해상을 통한 무역으로 이루어진 것이었다. 에게 해를 통해 포도주와 설탕을 수입했으며, 이집트와 소아시아로부터 실크·보석·향수·염료를 받아들였다. 또 아프리카에서는 황금·상아·노예를 들여왔고, 영국에서는 주석, 플랑드르 지방에서는 양모와 직물, 독일에서는 구리와 철을 수입했다. 어떤 사람은 이렇게 말했다. "이 고귀한 도시에는 마치 연못에서 물이 흐르는 것처럼 수많은 물자가 끊임없이 교역되고 있다."

베네치아 인들은 도시 미화에도 엄청난 재산을 아낌없이 투자했다. 15세기 무렵 이 해상도시는 르네상스 이탈리아의 수도로서 피렌체와 로마에 버금갈 수준에 이르렀다. 독일의 한 수도사는 "아름답고 부유하고 고귀한 도시 베네치아는 화려한 옷차림으로 바다 한복판에 서 있는 지중해의 여왕"이라는 찬사를 보냈다. 베네치아 인들은 스스로 가장 평화로운 공화국이라고 자랑했으며, 수많은 여행자와 순례자들은 이런 명성을 직접 확인하기 위해 베네치아로 모여들었다. ✳

아르세날(위)이라고 알려진 베네치아의 조선소에서 수많은 조선공들이 지중해에 위치한 이 공화국의 부의 기반이 되는 무역선들을 제작하고 있다. 서구세계 최대의 산업시설인 아르세날은 100일마다 갤리 선 1척을 제작할 수 있었다.

베네치아의 유리제조공들은 뛰어난 기술로 르네상스 세계의 전역에 걸쳐 명성이
자자했다. 오른쪽 사진의 무라노 유리잔은 무라노 섬의 이름에서 따온 것으로,
그곳에서는 안전을 위해 유리제조에 사용되는 모든 용광로들을 엄격히 통제했다.

사보나롤라는 알렉산데르 6세를 향해 식스투스 8세보다 훨씬 더 부패하고 비양심적인 인물이라고 인신공격을 하게 되면서 적대감을 사고 말았다. 그는 이 부패한 교황을 '수치심을 모르는 매춘부'라고 비난했다. 알렉산데르 6세는 프랑스에 우호적인 태도를 보인 사보나롤라에게 분노했다. 샤를 8세가 나폴리를 정복한 후, 알렉산데르는 베네치아와 밀라노와 신성동맹을 맺었다. 이 동맹이 결성되면서 결국 프랑스는 알프스 너머로 후퇴하게 되었다. 그것은 이탈리아의 위대한 승리였지만, 그 과정에서 피렌체는 아무런 역할도 하지 못했다.

피렌체는 사보나롤라의 지시에 따라 이 분쟁에서 중립을 유지했다. 그러나 알렉산데르 6세는 이 신성동맹에 피렌체를 끌어들이기 위해 추기경의 붉은 모자를 미끼로 사보나롤라를 매수하려고 했다. 그러나 이 수도사는 '붉은 피로 물든 모자를 원한다'면서 단숨에 그 제안을 거절했다. 마침내 1497년 6월, 교황은 그를 교회에서 파문했다.

결국 수많은 피렌체 시민들이 사보나롤라의 설교를 듣기 위한 발길을 끊었다. 약제사 루카 란두치도 마찬가지였다. 어떤 사람들은 피렌체가 이탈리아를 침공한 프랑스를 축출하는 데 참여하지 않았다고 비난했다. 더욱이 피렌체는 다른 문제들로 골머리를 앓고 있었다. 그 당시 토스카나 지방에는 엄청난 폭우로 극심한 흉작이 들었다. 루카는 참담한 기아에 시달리던 그 당시 상황을 이렇게 적었다. "남녀노소를 불문하고 수많은 사람들이 배고픔을 견디지 못해 쓰러졌으며, 심지어 목숨을 잃는 사람들도 생겨났다." 또 이탈리아를 침입한 프랑스 병사들에 의해 '프랑스 종기'로 알려진 매독이 확산되었다. 교황은 로마에 거주하는 피렌체 상인들을 체포하고 그들의 물품을 모조리 압수하며, 점점 더 심한 압력을 가했다. 결국 시뇨리아는 사보나롤라에게 설교를 중단할 것을 권고했다. 하지만 그는 설교를 그만두지 않았다. "나는 온몸이 하나님의 영혼으로 불타는 듯한 기분을 느끼고 있다." 그는 군중 앞

지롤라모 사보나롤라는 아주 단호한 인상에 계시적인 설교를 펼쳤지만 수천 명에 달하는 추종자를 거느렸다. 그 중에는 그의 초상화(아래)를 그린 프라 바르톨로메오(Fra Bartolommeo)도 포함되었다. 사보나롤라는 피렌체에 신권 정치를 확립하기 위해 노력했지만, 오히려 강력한 정적들을 만들고 말았다. 결국 이 도미니쿠스 수도사는 1498년에 교수형과 화형을 당했다. 시뇨리아 광장에서 거행된 그의 처형에는 수많은 인파가 몰려들었음에도 불구하고 왼쪽 그림에서는 사람들이 드문드문 모여 있는 것으로 묘사되었다.

에서 이런 연설을 하면서 유럽의 여러 군주들에게 공의회를 소집하여 교황 알렉산데르 6세를 폐위하라는 내용의 서한을 보냈다.

1498년 봄, 피렌체 내부갈등은 급속히 파국으로 치달았다. 한 프란체스코 수도사가 신성을 주장하던 사보나롤라를 비난하며 정면으로 도전하고 나섰다. 그는 불을 통한 시련을 거치도록 하여 하나님께서 이 도미니쿠스 수도사에게 특별한 능력을 하사하지 않았다는 사실을 입증해야 한다고 제안했다. 사보나롤라는 그의 제안을 거절했다. 결국 이 두 사람은 자신들을 대신할 2명의 사제-도미니쿠스 수도사 1명과 프란체스코 수도사 1명-를 선발하여 시험을 치를 준비를 마쳤다.

그해 4월 7일, 피렌체 시민들은 큰 기대를 품고 시뇨리아 광장으로 모여들었다. 광장의 한복판에는 불과 1m 남짓한 거리를 사이로 양쪽에 기름을 잔뜩 먹인 장작들을 쌓아놓았다. 이 장작더미에 불이 붙으면, 두 사제는 불기둥 사이로 약 25m 정도 이어진 발판 위를 걸어가야만 했다. 하지만 그들은 어떤 복장을 할지, 어떤 성물을 지녀야 할지의 여부를 두고 오후 내내 논쟁을 벌였다. 설상가상으로 어둠이 깔리면서 쏟아진 폭우로 예정된 일정이 취소되면서 광장에 모여든 군중은 크게 실망하고 말았다.

군중의 실망은 이제 분노로 바뀌었다. 이튿날인 종려주일에도 피를 바라는 욕망이 식지 않으면서, 사람들은 사보나롤라가 머물고 있던 산마르코 수도원을 공격했다. 처음에 도미니쿠스 수도사들은 곤봉과 칼을 들고 성난 군중과 맞섰지만, 사보나롤라는 그들에게 무기를 버리라고 지시했다. 그는 죽음을 맞이할 준비를 하며 제단 위에 조용히 서 있었다. 이윽고 그는 시뇨리아에서 파견한 병사들에게 체포되었다.

사보나롤라는 시뇨리아 궁전으로 소환되었다. 이제 새로운 정부는 그의 정적들이 장악하고 있었다. 이 궁전의 감옥에서 사보나롤라는 극심한 고문에 시달리게 될 터였다. 그는 도저히 고통을 참을 수 없을 지경에 이를 때마다

고문관들이 요구하는 대로 자백했다. 그러나 고문이 끝나면 자백을 번복했는데, 이런 경우가 세 차례나 이어졌다. 마침내 그는 왼팔의 뼈가 부서지고 난후에야 모든 걸 포기하고 자신의 신성을 부인하는 내용의 자술서를 작성했다. 사보나롤라와 더불어 그를 열렬히 추종했던 2명의 제자도 종파분립과 이단이라는 죄목으로 사형을 선고받았다.

1498년 5월 23일, 사제복도 걸치지 않은 3명의 수도사는 맨발로 광장에 마련된 형장으로 끌려나왔다. 그 광경을 지켜보기 위해 수천 명에 달하는 피렌체 시민들이 모여들었다. 정부는 군중에게 공짜로 음식과 음료수를 제공했다. 사보나롤라는 마지막으로 십자가상에 키스했다. 이윽고 그와 2명의 사제는 교수형에 처해진 후에 화형까지 당했다. 그후 벌어진 상황에 대해 루카는이렇게 적었다. "그들의 유해가 보존되어 성물로 숭배되는 일을 막기 위해정부는 마지막 한 줌의 재까지 수레에 실어 아르노 강에 내다버렸다."

사보나롤라의 수많은 추종자들과 마찬가지로 루카도 크나큰 충격에 빠져들었다. 그는 위대한 예언자가 자신의 신성을 부인하는 자백내용이 공개적으로 낭독되는 소리를 들었다. 루카는 타오르는 불길 속에서 그가 아무 말도남기지 못하자 크게 상심했다. "사람들은 모두 어떤 징조가 나타날 것이라고기대했다."

그러나 열렬한 추종자들은 그런 징조에 대한 기대를 저버리지 않았다. 루카는 2주일 후 한 농촌에서 갑자기 쐐기벌레들이 나흘 동안 황금빛으로 변한사건이 일어났다고 적었다. 사보나롤라의 성전을 수행했던 소년들은 그 신비한 창조물들을 '프라 지롤라모의 쐐기벌레들'이라고 불렀다. 그 쐐기벌레들은 머리에 왕관을 쓴 사람 얼굴의 형상이었고 십자가와 후광까지 보였다고전해졌다. 그것들은 갑자기 나타났다가 갑자기 사라져버렸다. 루카는 이렇게적었다. "그 쐐기벌레들의 출현은 두 번 다시 볼 수 없는 기적 같은 사건이었다. 마치 뭔가를 상징하는 것만 같았다." 하지만 그것이 무엇인가에 대해서는 아무런 언급도 하지 않았다.

사보나롤라의 처형 후 2개월이 채 지나기도 전에 피렌체 출신인 29세의 정치가 니콜로 마키아벨리는 공화정 체제에서 시민의 종복으로 업무를 시작했다. 처음에 그는 업무가 그리 많지 않았기 때문에 서한을 작성하고 회의 내용을 정리하는 서기업무로 일과의 대부분을 보냈다.

마키아벨리는 그 일을 좋아했다. 일단 집에서 가까웠기 때문이다. 그는 시뇨리아 궁전의 맨 위층에서 일했고, 아르노 강 남쪽 제방 인근에 위치한 아버지의 집에서 살았다. 그의 아버지 베르나르도는 명문가 출신의 변호사였지만 재산은 그다지 넉넉지 못했다. 마키아벨리는 집무실에 도착할 때까지 올라야 할 계단의 개수까지 기억했다. 아침에 집을 출발해서 고작 50개만 오르면 아르노 강의 가장 좁은 지점을 연결하는 석교(石橋)인 폰테 베키오에 도착했고, 그곳에서부터 약 100개가량 더 오르면 시뇨리아 궁전에 도착했다. 무엇보다도 그는 이 업무를 보면서 피렌체 정치권력의 핵심부에 머물 수 있었다. 또 그는 정치에 대한 식을 줄 모르는 열정을 지니고 있었다.

마키아벨리는 재능과 열정을 바탕으로 빠른 속도로 출세하기 시작했다. 처음에 그는 전쟁과 외교를 관할하는 시정위원회의 서기로 근무했다. 그것은 당시 이탈리아 반도에서 수시로 전쟁이 일어났다는 사실을 입증하는 것이다. 그후 그는 프랑스와 독일을 비롯해 이탈리아의 다른 도시국가들에 외교관으로 파견되었다. 1502년, 그는 마침내 굉장한 요직에 오르게 되었다. 그해 시뇨리아의 최고행정관(과거에는 임기가 2개월에 불과했지만 이제는 종신직으로 전환되었다)에 선출된 피에로 소데리니가 가장 신뢰하는 조언자로 마키아벨리를 발탁했던 것이다.

이 시기에 마키아벨리가 이룬 가장 큰 업적은 민병대를 창설한 것이었다. 그는 오랜 세월 피렌체를 위해 싸웠던 용병들을 대신해 토스카나 지방에서 선발한 농민들로 군대를 조직했다. 1509년 마키아벨리 휘하에서 이 새로운 민병대는 항구도시 피사를 수복하는 데 크게 공헌했다.

그러나 1512년 마키아벨리는 14년에 걸친 정치생활을 마감하게 되었다. 그 당시 피렌체는 교황이 결성한 신성동맹과 스페인 세력과의 분쟁에 휘말린 상태였다. 이런 상황에서 마키아벨리의 민병대는 피렌체 북서부에서 15km가량 떨어진 프라토에서 노련한 스페인 군대에게 무참히 패배했고, 이때 종신 최고행정관 피에로 소데리니마저 국외로 추방되고 말았다. 메디치 가는 다시금 권력을 장악했고, 결국 마키아벨리는 해직되었다. 심지어 그는 메디치 가에 대항하는 음모에 가담한 혐의로 체포되어 극심한 고문을 당했다. 그는 석방된 후에도 시골집에 유배되었다.

이처럼 활동기간이 짧았기 때문에 정치가로서 마키아벨리는 위대한 업적을 이룩하지 못했다. 르네상스 시대 역사에서도 그는 별다른 두각을 나타내지 못했다. 평범한 피렌체 시민들에게 그의 이름은 큰 의미가 없었으며, 그것은 중요한 사건과 인물을 다루는 연대기 작가들에게도 마찬가지였다. 루카의 일기에서도 그는 중요한 비중을 차지하지 못했다. 그러나 마키아벨리는 이렇게 말했다. "모든 것을 완전히 잃고 난 후에 놀라운 일이 벌어졌다." 페르쿠시나에 있는 가족영지에서 그는 정치에 대한 실무에서 벗어나 저술을 시작했다. 그 과정에서 그는 정치학의 아버지이자 이탈리아 최고의 작가로 발돋움하게 되었다.

그러나 1513년 봄, 페르쿠시나에 정착한 마키아벨리의 가장 큰 관심사는 바로 돈이었다. 그는 관직에서 해고되었을 뿐만 아니라, 1년간 피렌체 관할구역을 떠나지 않는다는 조건의 보증금으로 금화 1,000플로린을 지불해야 했기 때문에 사실상 무일푼이나 다름없었다. 피렌체의 집을 임대하여 약간의 수입을 벌어들였지만 그 정도로는 충분하지 않았다. 그는 사랑하는 아내와 한창 성장하는 자녀들의 생계를 책임져야 했다. "내가 가난에서 헤어날 수 없다면 여기에 오래 머물 수 없을 거야."
이것은 그가 한 친구에게 보낸 편지의 내용이다.

　비록 돈은 부족했지만 마키아벨리는 2세기 동안 가문에서 세습되던 영지를 소유하고 있었다. 로마로 이어지는 운송로의 한 언덕에 위치한 마을의 상당 부분을 포함한 이 영지에는 여관과 정육점을 비롯해 열 채가량의 가옥이 있었다. 이 마을의 농지와 숲에서 생산되는 작물과 목재는 그와 소작농들이 계약에 따라 분배했다. 좀처럼 비가 내리지 않아 척박한 토지에서 소작농들은 돼지와 암소를 사육하고 옥수수, 보리, 과일, 견과류를 재배했다. 이곳에서는 올리브와 포도가 잘 자라서 해마다 올리브유 10배럴과 포도주 40배럴을 생산할 수 있었다.

　대부분의 시간을 영지에서 보내던 마키아벨리는 결국 이런 번거로운 일상에 적응하게 되었다. 과거 피렌체에서 지내던 시절과는 전혀 다른 생활방식이었다. 그는 새벽에 일어나 벌목공들을 감독하기 위해 숲으로 향했는데, 그는 그들이 항상 불만을 토로한다고 불평했다. 그 일을 마치면 숲에서 나와 영지에 있는 샘물을 살피러 가거나 새덫을 확인하기 위해 울타리로 향했다. 그는 단테, 페트라르카, 혹은 티불루스나 오비디우스의 시를 가지고 다니면서 시간이 날 때마다 틈틈이 책장을 넘기며 그들의 삶과 열정과 사랑에 빠져들었다. 그리고 이따금 피렌체에서 아리따운 여성들과 어울렸던 젊은 시절을 회상하며 시름을 달래기도 했다.

　화려한 피렌체에서 멀리 떨어진 이곳 영지에서도 그는 다른 여자들과 정사

메디치 가를 제거하기 위한 음모에 연루된 피렌체의 정치가 니콜로 마키아벨리는 밧줄에 매달리는 형벌(위)을 받았다. 이 형벌을 받는 사람은 양손을 등뒤로 묶인 채 공중에 매달렸다가 바닥으로 내동댕이쳐졌다. 그러면 거의 팔이 빠지는 듯한 극심한 고통을 느꼈다.

를 즐겼다. "큐피드의 올가미는 여전히 나를 매혹시킨다네. 내 마음은 온통 사랑으로 가득하지. 그래서 나는 비너스 여신에게 감사한다네." 이처럼 은밀하고 짜릿한 정사(한적한 시골마을에서 비밀을 유지하기 위해서는 대단히 조심스럽게 행동해야만 했다)만이 그나마 정치에 대한 그의 불타는 열정을 식혀줄 수 있었다. 하지만 그는 친구에게 보낸 편지에서 그것이 그만한 가치가 있다고 적었다. "나는 행동하지 않고 후회하는 것보다 행동하고 후회하는 것이 낫다는 보카치오의 말이 진실이라는 것을 지금도 믿고 있고, 과거에도 믿었고, 앞으로도 항상 믿을 것이네."

점심이 되면 마키아벨리는 집으로 돌아와 가족과 함께 소박한 식사를 했다. 그는 이렇게 한탄했다. "나는 그저 물려받은 이 형편없는 영지에서 수확하는 음식만을 먹어야 하는구나." 오후에 그는 대부분의 시간을 여관에서 보냈다. 그곳에서 행인들과 잡담을 나누며 다른 지역의 소식에 귀를 기울였다. 또 여관주인이나 상인들과 어울려 카드놀이나 주사위놀이를 즐기면서 한가로이 여가를 보냈다. 이따금 도박을 하면서 거친 욕설이 오가거나 판돈을 두고 몸싸움이 벌어지기도 했다. 결국 이처럼 '타락한 생활'로 하루하루를 마감했던 그는 '자신의 무뎌진 재능'을 느끼면서 '비참한 운명'을 원망했다.

그러나 저녁에는 전혀 다른 생활이 시작되었다. 일단 집에 도착하면 마키아벨리는 1층에 마련된 서재로 향했다. 이 서재로 향하는 복도 왼쪽에는 석제 대야가 준비된 옷장이 있어서, 그곳을 지나는 도중에 손과 얼굴을 씻을 수 있었다. 또 오른쪽에 있는 다른 옷장에서는 미리 준비된 깔끔한 새옷으로 갈아입을 수 있었다. 그는 진흙이 잔뜩 묻고 가축과 짚단의 퀴퀴한 냄새가 풍기는

전원주택

오랜 전통을 지녔거나 아주 부유한 피렌체 가문
들은 빌라 디 콜레살베티(아래)와 같은 전원주택
을 보유했다. 그곳에서 그들은 각박한 도시생활
에서 벗어나 몇 개월씩 휴가를 보내거나 무더운
여름에 피서를 했다. 넓은 대지를 비롯해 여러
채의 창고와 소작농들이 기거하는 오두막들의
규모로 판단할 때, 콜레살베티는 농작물을 재배
하여 소득을 거두는 농장에 해당되었다.

가장 수익성이 높은 작물은 기름과 포도주였는데, 토스카나 지방은 올리브와 포도를 재배하는 과수원(왼쪽 위)이 많았다. 또 여러 곡물을 비롯해 과일과 견과류도 재배되었다. 이곳 노동자들은 대부분 소작농으로서 작물의 재배와 수확뿐만 아니라, 농장의 관리까지 주인과 분담하기도 했다. 피렌체에 다양한 작물을 공급하고 그 대가로 전쟁이나 정치적 분쟁으로부터 보호받던 콜레살베티 같은 농장들은 토스카나 지방의 도시와 농촌과의 긴밀한 유대관계를 구축하는 데 기여했다.

옷과 양말을 벗고, 지난날 외교관으로 활동하면서 화려한 궁전에서 입었던 예복으로 갈아입었다. 이윽고 램프가 밝게 켜진 서재의 책상 앞에 앉은 마키아벨리는 자유로이 상상의 날개를 펼치며 '고대의 인물들이 모인 고대의 세계'로 들어갔다.

그곳에서 마키아벨리는 약 4시간가량 리비우스, 타키투스, 아리스토텔레스 같은 과거의 위대한 사상가들과 대화를 나누었다. 그는 가장 큰 관심분야인 정치학에 대해 그들과 이야기를 주고받았다. "나는 국가에 관한 이론을 세워야 할 필요성을 느꼈다." 이 위대한 사상가들의 견해와 철학을 배우고 기록하는 동안 그는 따분한 은둔생활의 시름에서 벗어났다. "나는 전혀 피곤하지 않았다. 모든 시름도 잊었다. 가난도 두렵지 않았다. 죽음도 내 의지를 꺾지 못했다."

1513년, 이처럼 밤마다 위대한 사상가들과 나누던 대화(정치가로서 정부에서 활동했던 그의 경험도 뒷받침되었다)를 토대로 마키아벨리는 정부운영에 대한 짧은 논문《군주론》을 완성했다. 이 책은 강력한 국가를 창조하고 운영하는 방식을 제시했다. 그러나 유사한 주제의 다른 책들과 달리 윤리와 도덕에 대해 설교하지는 않았다. 치열한 투쟁으로 얼룩진 사보나롤라 시대를 지켜보았던 마키아벨리는 그런 덕목들만으로는 충분하지 않다는 사실을 알고 있었다. 그는 군주가 실천해야 할 윤리적 사항들이 아닌, 생존하기 위해 실천해야 할 필수적 사항들에 대해 저술했다. 군주는 반드시 간계·기만·위선·모략·냉정·잔인을 갖추어야 한다. 심지어 필요한 경우에는 살인도 주저하지 않아야 한다.

마키아벨리는 이 새로운 군주의 모델로 르네상스 이탈리아에서 가장 악명 높은 군주로 손꼽히던 체사레 보르자를 선택했다. 스페인 출신인 체사레는 피렌체의 예언자 사보나롤라를 쓰러뜨린 교황 알렉산데르 6세, 로드리고 보르자의 아들이다. 교황들은 대부분 문란한 성관계를 은폐하기 위해 자녀들을 모두 조카라고 속였지만, 유독 알렉산데르 6세만은 오히려 많은 자녀들을 두었다고 공공연히 자랑했다. 심지어 그의 침실에는 성모 마리아 같은 옷차림을 한 정부들의 초상화가 걸려 있었다. 알렉산데르 6세는 저항하는 교황령에 대해 로마 교황의 권력을 재확립하기 위해 고심했는데, 그 임무를 수행할 인물로 아들 체사레를 선택했다. 그는 대규모 군사원정에 필요한 재정을 마련하기 위해, 성직을 판매하고 사망한 주교나 추기경들의 재산을 몰수하는 전형적인 방법에 의존했다. 그 과정에서 교황이 일부 주교와 추기경들을 독살했다는 소문이 나돌기도 했다.

1500년, 첫 번째 중부 이탈리아 원정에 나섰을 때 체사레는 아직 24세에 불과한 청년이었다. 그는 키도 크고 잘생겼을 뿐만 아니라, 맨손으로 말발굽을 구부리고 단칼에 황소를 벨 수 있을 만큼 힘도 셌다. 평범한 차림을 선호했던 그는 보통 가벼운 갑옷 위에 검은색 더블릿을 걸쳤고, 흰 깃털이 달린 커다란 베레모를 착용했다. 그러나 이따금 과감하게 황금 테두리에 진주가 박힌 장화를 신고 한껏 멋을 부리며, 은으로 만든 화려한 말발굽을 박은 말을 타고 다니기도 했다.

알렉산데르 6세는 체사레가 17세가 되던 해에 추기경으로 임명했다. 하지만 그는 보다 넓은 세계에서 활약하기 위해 추기경의 붉은 모자를 포기했다. 수많은 여성들이 그를 사모했지만, 그의 마음을 사로잡은 여성은 좀처럼 나타나지 않았다. 그는 프랑스 국왕의 사촌과 결혼했지만, 오래지 않아 임신한 그녀를 버리고 떠나버렸다. 그에게는 갖은 추문도 뒤따랐다. 그는 용병 출신으로 이몰라와 포를리를 통치하던 스포르차 가의 카테리나 스포르차를 강간했다는 비난도 받았으며, 심지어 자신의 형을 살해하고 여동생의 두 번째 남편을 죽이려 했다는 의혹까지 감수해야 했다.

불과 3년 사이에 젊은 체사레와 그가 이끄는 군대는 교황령보다 훨씬 큰 지방인 로마냐에서 무려 열 곳에 달하는 도시의 군주들을 굴복시켰다. 그는 나폴리 왕국보다 큰 지역을 지배하는 통치자로 군림하며 이탈리아에서 가장 강력한 인물로 부상했다. 군사령관으로서 그는 평범한 전술가였지만, 적의 심장부에 기습공격을 가할 수 있을 만큼 책략과 음모에 천재적인 능력을 발휘했다. 루카는 보르자의 잔혹한 일화들에 대해 차마 듣는 것조차 두려울 정도라고 말했다. 그러나 마키아벨리는 결과는 수단을 정당화한다고 믿었다. "그는 잔인한 인물이라고 여겨졌다. 하지만 그의 잔혹함은 로마냐 전역을 화합과 통일로 이끌어 평화와 충성을 되찾게 했다."

1502년, 몇 차례 만남을 통해 마키아벨리는 체사레 보르자에게 매력을 느끼기 시작했다. 그 당시 피렌체 정부는 우호적인 관계를 유지하기 위한 대가를 요구하던 체사레와 협상할 사절로 마키아벨리를 파견했다. 체사레는 그만의 독특한 방식으로 마키아벨리를 맞이했다. 어두운 밤에 깜빡이는 촛불 아래서 그는 머리부터 발까지 온통 검은색으로 차려입고 있었다. 마키아벨리는 체사레와 3개월 동안 함께 지내며, 자신보다 6세 연하인 그의 굳은 의지에 경이로움을 느끼게 되었다. 그는 상관에게 이런 보고서를 제출했다. "이 군주는 아주 화려하면서도 근엄했고, 엄청난 힘을 지니고 있어 그 무엇도 그를 왜소하게 보이게 할 수 없었다."

마키아벨리는 외국의 용병이 아닌 국내의 병사에 의존하는 체사레의 정책을 선호하여 피렌체에도 그 방식을 도입했다. 또 상황에 따라 교묘히 변절을 일삼는 젊은 군주의 재능은 마키아벨리에게 아주 강한 인상을 남겼다. 일례로, 그는 칙사를 파견하여 시민들에게 폭정을 일삼게 한 후에 자신이 독재자가 아니라는 사실을 시민들에게 입증하기 위해 그 칙사를 처형했다. 마키아벨리는 체사레가 자신을 살해하려는 음모를 꾸민다고 의심되던 4명의 정적들에게 대처했던 방식에 대해서도 찬사를 보냈다. 그는 아주 호의적인 태도로 그들을 모임에 초대한 뒤 모두 체포하여 살해했다.

"만약 누군가 앞장선다면, 이탈리아는 기꺼이
하나의 깃발 아래 따를 준비가 되어 있다."

《군주론》은 간결한 문체에 풍자적인 표현이 돋보이는 작품이다. 마키아벨리는 이렇게 단언했다. "나는 이 책을 화려한 운율이나 과장된 어휘, 혹은 쓸데없는 미사여구로 장식하지 않았다." 하지만 그는 대담하고 거침없는 표현과 과감한 생략을 구사했다는 사실에 대해서는 전혀 언급하지 않았다. 예를 들면, 그는 체사레가 아버지의 막강한 권력에 힘입어 성공했다는 사실을 지적하지 않았다. 1503년, 말라리아에 감염된 교황 알렉산데르 6세가 사망한 후 체사레의 거대한 제국은 급속히 붕괴되고 말았다. 그는 한동안 고향 스페인에서 투옥생활을 하다가 1507년에 벌어진 전투에서 전사했다.

마키아벨리는 《군주론》의 마지막 장에서 군주들을 위한 이 냉소적인 교본에 담긴 일부 명백한 모순에 대해 설명하기에 노력했다. 피렌체 공화국에서 국가를 위해 헌신했던 그는 이탈리아가 끊임없는 외세의 침략에 시달리는 요인이 단결력의 부족에서 기인한다고 믿었다. 비록 독재자일지라도 오직 강력한 지도자만이 수많은 도시국가들로 분열된 이탈리아 반도에 통일을 가져올 수 있다고 믿었다. 그는 이렇게 적었다. "만약 누군가 앞장선다면, 이탈리아는 기꺼이 하나의 깃발 아래 따를 준비가 되어 있다."

마키아벨리는 메디치 가가 그 깃발을 들어주기를 기대했다. 그를 피렌체 정부에서 내쫓은 장본인들이 그에게 이탈리아의 통일에 대한 중요성을 일깨워준 것이었다. 이제 그들은 피렌체와 교황령(그 당시 교황이던 레오 10세는 로렌초의 아들 조반니였다)을 통치하고 있었다. 그러나 메디치 가는 마키아벨리의 계획에 전혀 관심이 없는 듯했다. 그들은 그의 편지에 아무런 답장도 보내지 않았으며, 그의 책(마키아벨리는 이 책을 새로운 교황의 조카에게 헌정했다)도 고작

페르쿠시나에 위치한 전원주택의 서재에서 마키아벨리는 효율적인 통치원리에 대한 유명한 《군주론》을 저술했다. 그는 작가로서도 탁월한 재능을 발휘하여, 르네상스 시대의 도덕성을 풍자한 희극작품인 〈만드라골라〉를 비롯해 수많은 뛰어난 작품을 남겼다.

사본의 형태로 배포되었다.

1513년 이후 마키아벨리는 밤마다 서재에서 무한한 상상력을 발휘해야 하는 작업에 몰두했다. 그 무렵 그는 허구와 희곡에 관심을 갖기 시작했다. 1520년, 그가 교황 레오 10세에게 선보인 희극 〈만드라골라〉는 대성공을 거두었다. 메디치 가 출신의 교황은 부패한 성직자들을 소재로 문란한 생활을 풍자한 이 작품을 보고 아주 흡족해했던 나머지 마키아벨리를 작가로 고용하기까지 했다. 그러나 이 계약을 체결하면서 마키아벨리는 공화국의 시민으로서 양심에 갈등을 느꼈다. 그는 자신의 학자적 신념과 후원자의 요구 사이에서 절묘한 균형을 유지해야만 했다. 그 결과 메디치 가의 독재적인 통치 방식이 아닌 코시모 데 메디치와 그의 손자 로렌초 데 메디치의 개인적인 업적을 찬양하는 진정한 마키아벨리주의적 성향이 탄생되었다.

1525년 마키아벨리는 더 큰 모순을 경험했다. 그는 피렌체 요새를 강화하는 임무를 맡고 있었는데, 때마침 그를 후원하던 메디치 가는 다시금 권력을 잃었다. 그러자 그는 메디치 가의 추방을 적극적으로 반기면서 즉시 새로운 공화국 정부에 전쟁과 외교를 담당하는 서기로 복직하겠다는 의사를 밝혔다. 그러나 1527년 6월 10일, 그토록 고대했던 복직은 메디치 가와 연관되었다는 사유로 거부되고 말았다. 그로부터 12일 후, 니콜로 마키아벨리는 자신의 이름이 냉소적인 정치적 편의주의의 대명사로 후세에 기억되리라는 것도 모른 채 가난과 좌절 속에서 세상을 떠나고 말았다.

| # 호화로운 축제

보다 많은 부를 축적하면서 이탈리아의 도시들은 호화로운 축제를 개최하기 위해 치열한 경쟁을 벌였다. 이런 축제는 대부분 교회의 축일을 기념하는 것이었지만, 화려한 축제는 이따금 종교적 신앙보다 시민들의 자부심을 나타내기도 했다. 도시의 수호성인을 기리거나, 외국의 유명인사를 환영하거나, 귀족가문을 찬양하기 위해 이탈리아의 도시들은 온갖 행사를 마련했다. 그 행사들은 불꽃놀이(오른쪽 그림은 피렌체의 성 요한 축제일의 모습을 묘사한 것이다)에서부터, 승전행진·경마·종교극·전투재연·축하연회·시경연·가면극·마상시합에 이르기까지 매우 다양했다.

도시들은 이런 행사들을 자체적으로 지원했다. 비좁고 구불구불한 거리에서 벌이는 행진이나 경주는 그 규모와 속도를 적절히 규제했다. 넓은 광장은 다른 도시들보다 훨씬 성대한 축제를 기대하는 공무원들에게 더없이 완벽한 행사장이 되었다. 대체로 광장은 거대한 건물들에 둘러싸여 있었고, 그 건물들에는 창문과 발코니가 많았기 때문에 수많은 사람들이 이런 행사를 구경할 수 있었다.

베네치아, 바다에 대한 경의

왼쪽 그림에서 교황 알렉산데르 3세가 1177년 베네치아 협정에 협조한 것에 대한 감사의 표시로 세바스티아노 지아니 대공에게 황금반지를 건네고 있다. 훗날 이 반지는 모조품으로 제작되어 해마다 열리는 중요한 의식에 사용되었다. 이 행사에서 베네치아 대공(아래 그림에서 황금우산을 받치고 있는 그를 붉은 제복을 입은 성직자들이 뒤따르고 있다)은 바지 선을 타고 아드리아 해로 나가서 이 해상도시와 바다의 긴밀한 관계를 확립하는 의식을 치렀다.

베네치아 인들은 바다에 생계를 의존했기 때문에 그들에게 가장 중요한 축제에는 베네치아 공화국과 아드리아 해의 결혼을 상징하는 행사가 포함되었다. 해마다 15일간 벌어지는 이 축제는 998년, 대공 피에트로 오르세올로 2세(Pietro Orseolo II)가 해적들이 지배하던 달마치야 지방을 해방시키기 위해 항해에 나선 것을 기념했다. 봄에 개최되는 축제는 공교롭게 예수 승천일과 중복되는 탓에 '바다의 결혼식'에는 종교적 요소들도 추가되었다.

예수 승천일이 되면, 베네치아 대공은 우선 미사부터 참석했다. 그후에는 콘스탄티노플 주교를 비롯한 다른 고위인사들과 함께 축제에 사용되는 바지 선에 올랐다. 수백 척의 보트들이 그 바지 선을 뒤따르며 아드리아 해로 나아갔다. 그곳에서 콘스탄티노플 주교가 축사를 올리면 베네치아 대공은 "영원한 지배의 상징으로 우리는 그대 바다와 결혼합니다"라는 문구가 새겨진 황금반지를 바다에 던졌다.

피렌체, 성 요한 축제

"봄이 다가오면 모든 피렌체 시민들은 아름다운 산 조반니의 축제를 보내려는 생각에 빠져들기 시작한다." 1410
년 피렌체의 상인 그레고리오 다티는 이렇게 적었다. 실제로 피렌체의 수호성인을 기념하는 성 요한 축제를 몇 주
앞두고 노동자들은 산 조반니 광장을 둘러싸고 있는 가옥들과 축제행렬이 지나는 관람석들을 화려한 천과 거대한
천개(天蓋)로 장식했다. 그곳에서 상인들은 '도시의 무궁한 영광'을 기원하며, 보석·갑옷·유물과 같은 온갖 귀중
품들을 전시했다.

축제일 이틀 전에는 성서의 여러 장면들을 묘사한 수레들의 시가행렬이 벌어졌고, 6월 23일에는 황금빛 실크에
화려한 수를 놓은 조끼를 입은 성직자들이 피렌체 성당에서 출발하여 돌아오는 행진을 벌였다. 그날 저녁에는 각 가
정마다 2명의 남자들이 성 요한에게 봉헌된 세례당으로 햇불을 들고 나왔다. 이윽고 약 2만 개에 달하는 햇불과 더
불어 밤하늘에서 터지는 아름다운 불꽃이 산 조반니 광장을 화려하게 수놓았다.

다음날인 6월 24일 아침에 피렌체 주교는 미사를 주관하고 성 요한의 이름으로 봉헌물들을 받았다. 그후에는 이
축제의 백미로 여겨지는 '팔리오'라는 경마대회가 벌어졌는데, 이 대회의 명칭은 우승자에게 포상으로 주어지는 값
비싼 옷감에서 유래되었다.

아래 그림에서 황금빛 휘장과
피렌체를 상징하는 백합 문양으로
장식한 천개 아래로 행정장관을
비롯한 여러 인사들이 실크로
제조한 깃발인 '팔리'를 높이 들고,
성 요한 축제일에 봉헌물을
헌납하기 위해 세례당에 도착하고
있다. 위 그림에서는 한 기수가
팔리오 경주에 참가해 피렌체
거리를 질주하던 도중 실수로
말에서 떨어지고 있다.

이 축제용 방패(성 요한 축제의
시가행렬에 사용되었다)
에는 피렌체의 상징인
다윗이 거인 골리앗을
쓰러뜨리고 승리를 거둔
모습이 묘사되어 있다.
그림에서 다윗의 발 아래로
골리앗의 잘린 머리가 놓여 있다.

시에나, 성모 승천 대축일

8월 15일에 거행되는 성모 승천 대축일은 성모 마리아의 승천을 기념하는 축제였다. 특히 르네상스 시대에 성모 마리아를 수호성인으로 숭배하던 시에나에서는 최고의 축제였다. 도시의 모든 구역에서 개막행진에 쓰일 축제용 수레와 더불어 독특한 차림의 기수와 수행원과 북 치는 고수들을 파견했다. 거리에 길게 늘어서 있거나 창문과 지붕에서 캄포 광장을 내려다보던 군중은 이 행렬이 최고의 행사를 위한 무대라는 사실을 알게 되었다. 그것은 바로 시에나 성당을 출발하여 캄포 광장 주위를 질주하는 팔리오라는 경마대회였다.

시에나 시민들은 이 축제를 너무나 소중하게 여겼기 때문에 설사 전쟁이 일어나더라도 결코 축제를 중단하지 않았다. 전쟁이 한창이던 1474년에 열린 성모 승천 대축일에는 군사용 화약으로 화려한 불꽃놀이를 벌이기까지 했다.

시에나의 캄포 광장에는 각 구역으로부터 파견된 제각각 그 구역을 상징하는 동물을 형상화한 수레와, 아주 독특한 차림새의 사절단이 행진하는 모습을 보기 위해 수많은 인파가 몰려들었다. 오른쪽 그림에서는 도시의 각 구역을 상징하는 동물들인 달팽이 · 코끼리 · 암소 · 용 · 유니콘 등을 형상화한 수레들이 행진하는 모습을 볼 수 있다. 아래 그림에는 성모 승천 대축일의 상징적인 행사로 공무원들이 성모 마리아에게 시에나의 열쇠를 바치는 모습이 묘사되어 있다.

베네치아의 사육제 광경을
묘사한 그림. 가면을 쓴 세 남자가
거리에서 공을 던지는 광대들과
한 쌍의 남녀 사이를 지나가고
있다. 그들은 바구니에 담긴,
향수를 가득 넣은 달걀을
서로에게 던질 준비를 하고 있다.

아래 그림에서 사육제 행렬에
나선 수레들은 사랑과 순결과
죽음의 승리를 나타낸다.
1512년에 열린 피렌체의
사육제에서 죽음을 상징하는
거대한 조각상은 검은색 천이
드리워진 수레 위에 올려져
있었는데, 그 수레에는 모든
사람들은 반드시 죽는다는
진리를 일깨워주는 듯한
해골 문양이 장식되었다.

뒤죽박죽이 된 세상

한 귀족이 가면을 쓴 가수들을 이끌고 피렌체 여인들에게 세레나데를 불러주고 있다. 이 귀족은 로렌초 데 메디치로 여겨진다.

"청년들과 처녀들이여, 오늘을 즐겨라. 그 누구도 내일을 알 수는 없다." 이 구절은 1480년대 로렌초 데 메디치가 지은 유명한 시의 후렴으로 사육제의 축제정신을 요약하고 있다. 엄격한 사순절(40일간 지속되는 종교행사로 독실한 신자들은 이 기간에 육식을 금했다)을 앞두고 벌어지는 사육제는 일상생활을 뒤죽박죽으로 만들었다.

사육제의 전통(사회적 차별과 규제로부터 일시적으로 해방되어 흥겨운 축제를 즐기는 것)은 기원전 시대에 한 해의 수확을 자축하는 축제들에서 비롯되었다. 르네상스 시대에 접어들면서 도시의 시민들은 이런 고전적인 축제의 범위를 확장하기 시작했다. 그들은 온갖 산해진미를 먹으며 재미난 이야기를 나누었고, 흥겨운 주연을 벌이며 노래와 춤을 즐겼으며, 가면을 쓰고 변장하여 권력자들을 풍자했다. 귀족들은 농민 복장을 차려입었고, 남자는 여자 옷으로, 여자는 남자 옷으로 바꿔서 입었다. 피렌체에서 어린 소년들은 돌팔매질 싸움을 벌였고, 큰 횃불을 피우고 놀았으며, 길모퉁이를 막고 행인들에게 돈을 빼앗기까지 했다. 또 베네치아에서는 무모한 시민들이 산호섬에서 산마르코 광장의 종탑까지 밧줄을 연결하여 그 위를 걷는 위험천만한 놀이를 벌이기도 했다. 이 시기에는 이탈리아 전역에서 대혼란이 벌어지는 듯했다.

3 :: "나는 기적을 이루어낼 것이다"

라파엘로는 〈아테네 학당〉에서 이상적인 건축물을 배경으로 고전시대의 철학자들이 모여 있는 모습을 묘사했다. 그는 당대의 인물들을 모델로 과거의 현자들을 묘사하는 기법을 사용했다. 중앙에서 붉은 가운을 걸친 플라톤은 레오나르도 다 빈치를 모델로 삼았으며, 앞쪽의 석재 위에서 글을 쓰는 헤라클레이토스는 미켈란젤로가 모델이었으며, 오른쪽에서 컴퍼스로 줄을 긋는 유클리드의 모델은 브라만테였다.

"스피노소(spinoso)", 볼로냐의 높은 언덕길에서 수많은 첨탑들로 이어진 피렌체의 하늘을 바라보던 조반니 피코 델라 미란돌라가 소매에 묻은 먼지를 떨어내며 혼잣말로 중얼거렸다. "스피노소", 그는 다시금 한숨을 내뱉듯 말했다. 입으로는 아주 천천히 발음을 음미했고, 눈으로는 멀리 떨어진 그 도시를 마치 고슴도치처럼 수많은 가시가 돋친 모습으로 보이게 만드는 첨탑과 망루들을 두루 훑어보았다. 이런 모습은 그날처럼 3월의 뜨거운 태양을 받은 아르노 언덕 위로 아지랑이가 피어오르는 아침에 한층 더 두드러졌다.

이 도시의 전경은 잦은 외유에 지쳐 있던 미란돌라에게 더없이 반가운 광경이었다. 이번에는 신학을 공부하기 위해 파리 소르본 대학으로 떠난 지 1년 만에 돌아온 것이다. 비록 프랑스 유학은 실망스러운 결과(지나치게 논리에 치중했고 너무나 경직된 사고를 강요했다)로 끝났지만, 이 젊은 학자에게는 네 번째 대학생활을 마쳤다는 의미가 있었다.

14세에 교회법을 배우기 위해 볼로냐로 떠난 이후 미란돌라는 지난 9년 동안 여러 대학을 돌아다니며 공부했다. 파도바 대학에서는 아리스토텔레스 철학을 공부했고, 논리학과 과학 분야로 유명한 파비아 대학에서도 수학했다. 그 과정에서 그는 모국어인 이탈리아 어 외에 라틴 어, 그리스 어, 아라비아 어, 아람 어(셈 어의 중북부 어군 또는 북서부 어군에 속하는 언어─옮긴이), 히브리 어까지 완벽하게 구사할 수 있게 되었다.

물론 볼로냐에서 미란돌라와 동행했던 다른 여행자들은 이런 사실을 쉽게 알지 못했을 것이다. 그러나 유심히 관찰한 사람이라면, 비록 희뿌연 먼지를 뒤집어쓰고 있지만 그 당당한 태도와 평범하지 않은 옷차림에서 이 젊은 청년이 부유한 귀족 출신이라는 것을 충분히 짐작할 수 있었다. 좀더 자세히 살펴보면, 미란돌라가 존경하는 친구이자 뛰어난 시인인 안젤로 폴리치아노(Angelo Poliziano)의 표현처럼 "키도 크고 잘생겼을 뿐만 아니라, 얼굴에서 신성한 빛이 감도는 듯한 인물"이라는 사실을 알 수 있었다. 만약 그와 대화를 나눌 기회가 있다면, 만토바의 시인 밥티스타가 "온갖 지식을 발산하는 빛"이라고 말했던 것처럼 그의 고귀한 정신과 유창한 언변이 확실히 드러날 것이다.

한동안 그는 정겨운 포르타 산 갈로의 아치까지 얼마 남지 않은 거리를 좁히기 위해 정신없이 발걸음을 재촉했다. 그의 시야에 피렌체 대성당의 돔이 들어오기 시작했다. 이제 그는 소르본 대학에서 공부했던 것들을 뒤로하고 진정한 삶의 신비를 이해하는 데 전념하기로 결심했다. 모든 진리의 밑바탕이 되는 하나의 진리가 있다고 믿었던 미란돌라는 그것을 파악하면 삶의 신비를 풀어낼 수 있다고 확신했다. 그는 동료 인문주의자들도 이런 견해에 공감한다는 사실을 알고 난 후, 하나의 진리를 통해 상호이해와 보편적 조화를 이끌어낼 때 비로소 인간의 본질적인 존엄성을 파악하고 하나님께서 인간에게 내린 약속을 깨달을 수 있다고 주장했다.

미란돌라가 오랜 세월 유럽의 여러 대학에서 두루 공부했던 것도 바로 이 어려운 진리를 추구하는 과정의 일부였다. 또 2년 전인 1484년에 처음 피렌체에 오게 된 것도 바로 그 과제를 풀기 위해서였다. 온갖 사상과 기발한 상상력으로 활기에 넘치던 피렌체에서 그는 숨 막힐 듯한 정교사상의 본거지인 유럽의 대학들에서 벗어나 자유롭게 생각할 수 있다는 사실을 알게 되었다. 또 그곳에서는 그와 같은 생각을 하는 다른 학자들과 교유할 수도 있었다. 그들은 고전철학을 기독교 이론에 연결하는 근본체제를 마련하기 위해 노력했다.

그는 피렌체에서 플라톤 아카데미에 가입했지만 그리 오래 머물지 못했다. 이 모임의 회원들은 정기적으로 만남을 열고 플라톤 철학에 담긴 사상을 논의했다. 전통에 따라 해마다 플라톤의 탄생과 사망을 기념하는 11월 7일에 열리는 이 행사에서 회원들이 모두 포도주에 흠뻑 취하고, 서로 날카로운 질문을 주고받으며 보내는 그 밤들은 분명히 아주 즐거운 시간이었을 것이다. 이 행사를 위해 메디치 궁전에는 화관이 씌워진 근엄한 모습의 플라톤 흉상이 세워진 방이 마련되었고, 그곳에서 회원들은 흔들리는 램프 불빛 아래서 포도주에 취해 얼굴이 붉어진 채로 연회를 즐겼다. 그러나 삶의 고귀한 측면에 애착을 갖는 성향을 감안하면, 미란돌라는 피렌체 교외에 위치한 카레지의 메디치 가 별장에서 열리는 정기모임을 가장 좋아했을 것이다.

미란돌라는 이 플라톤 아카데미 회원이 된다는 것 자체에 큰 매력을 느꼈다. 그저 고개만 돌려도 마르실리오 피치노(Marsilio Ficino) 같은 위대한 인물을 볼 수 있었기 때문이다. 그는 기독교 플라톤주의의 대가이자 최근에 출간된 대작 《플라톤 학파의 신학》의 저자였다. 또 시인 안젤로 폴리치아노와 루이지 풀치를 비롯해, 화가 산드로 보티첼리와 철학자 크리스토포로 란디노도 이따금씩 이 모임에 모습을 드러냈다.

이런 위대한 인물들과 함께 항상 흥겨운 연회를 즐기면서도 지적인 질문을 주고받으며 미란돌라는 "하나님께서 창조한 아담은 세계의 중심에서 모든 것들을 보다 쉽게 관찰할 수 있다"고 상상할 수 있었다. 그에게 세계의 중심은 지식이었고, 그는 모든 지식에 통달하기 위해 노력했다. 아카데미의 다른 회원들은 플라톤의 실재 개념과 기독교의 이상인 심오한 하나님을 조화하는 데 만족했을지도 모른다. 몇몇 회원들은 히브리 신비철학보다 그에 못지않게 난해한 연금술에 더 많은 관심을 가졌다. 또 일부는 마술을 연구하거나 별자리에 담긴 삶의 신비에 대한 해답을 찾기도 했다. 그러나 미란돌라는 동양사상과 서양사상을 연결하기 위해 노력했다. 그는 모든 철학과 종교가 근본적으로 동일하다는 사실을 입증하려 했다. 그것이 바로 그가 주장했던 하나의 보편적 진리였다.

1486년 늦은 봄, 미란돌라는 유럽에서 가장 큰 사설 도서관의 장서를 수집하면서 자신의 임무에도 전념하고 있었다. 그는 뛰어난 언어능력과 해박한 지식으로 수많은 장서를 읽으면서 유대교와 기독교를 접목시켰고, 그 두 종교를 다시 이슬람교와 접목시켰으며, 그 종교들을 모두 플라톤 철학에 접목시켰다. 그는 신화와 신비주의뿐만 아니라, 마술과 수학·윤리학·물리학에도 깊은 관심을 보였다.

그러나 미란돌라는 그 기간 동안 결코 외롭지 않았을 것이다. 특히 마르게리타라는 젊고 아름다운 미망인을 만난 후에는 전혀 외로워하지 않았을 터였다. 두 사람은 열정적으로 사랑했다. 그녀는 피렌체 최고의 권력가문인 메디치 가의 먼 친척과 재혼한 신분이었지만, 그런 현실도 미란돌라의 뜨거운 열정을 가로막지는 못했다. 그는 이렇게 혼잣말을 되뇌었다. '만약 내가 더 오래 기다렸다면, 그녀는 그 결혼이 어리석었다는 사실을 깨달았을 거야.'

그는 더이상 기다릴 필요가 없었다. 두 사람은 몰래 도주할 계획을 세웠고, 그해 5월 16일 그 계획을 실행에 옮겼다. 미란돌라는 선두에서 20명의 호위대를 이끌고, 시커먼 흙먼지를 일으키며 토스카나 언덕을 넘어 마르게리타의 고향인 아레초로 향했다. 한편 마르게리타도 미사에 참석한다고 집을 나서면서 어디선가 들려올 요란한 말발굽 소리와 항상 그녀의 심장을 뛰게

했던 미란돌라의 친숙한 라틴 어 노래에 귀를 기울였다.

잠시 후 그녀는 부축을 받으면서 말 위에 올라탔다. 마침내 두 연인은 호위대와 함께 자욱한 먼지를 일으키며 시에네세 경계지역으로 질주했다. 그러나 이 사실을 알게 된 마을 주민들은 곧바로 200여 명의 건장한 청년들을 보내서 그들을 추격하기 시작했다. 이윽고 호위대 가운데 18명이 치열한 격투 끝에 쓰러졌고, 혼란 속에서 말에서 떨어진 미란돌라는 마을 청년들에게 사로잡히고 말았다. 그들은 '납치' 된 마르게리타를 즉시 '구출' 해서 집으로 돌려보냈다.

메디치 가의 개입으로 미란돌라는 치욕적인 망신을 당하고 간신히 목숨만 부지했다. 그러나 이 사건을 통해 그는 학자적인 성품과 전혀 어울리지 않는 무모한 성격을 드러내고 말았다. 훗날 그는 이런 무모한 행동으로 더 큰 위험을 자초했다. 그해가 저물기도 전에 그는 만인을 상대로 자신의 철학(약 900개의 논제가 포함되었다)을 논파할 준비가 되었다고 선언했다. 심지어 그는 1487년 초반까지 자신에게 도전하기 위해 로마로 오는 사람들에게는 여비까지 지불하겠다고 말했다.

1486년 가을, 미란돌라는 동료 학자들과 한바탕 벌일 논쟁을 준비하기 위해 로마로 떠났다. 하지만 그곳은 그가 예전에 생각했던 것만큼 매혹적인 장소가 아니었다. 이미 피렌체에 친숙해진 그가 이 두 도시 사이에 단순히 거리 이상의 격차가 있다고 생각하는 것을 비난할 수만은 없었다. 두 도시는 모두 첨탑의 도시로 유명했고 거리도 비좁지 않았다. 그러나 최근 수십 년 동안 피렌체는 쾌적한 환경과 우아한 아름다움을 지닌 도시로 각광받았지만, 로마는 여전히 고루한 중세의 마을들이 모여 있는 도시로 전락했다. 그나마 유적지들에서나 과거의 화려했던 모습을 찾아볼 수 있

인문주의자 조반니 피코 델라 미란돌라는 모든 종교를 통합하여 하나의 보편적인 신앙을 완성하기 위해 노력했다. 진지하면서도 과감했던 그는 마르틴 루터가 95개 조항을 선포하기 3세기 전에 가톨릭 교회의 교리에 도전하는 900개의 논제를 출간했다.

었다. 심지어 포럼에서는 암소들이 풀을 뜯고 있었고, 트라야누스 기념주 주위로 말들이 뛰어다녔으며, 7개의 신성한 구릉에서는 양들이 노닐고 있었다. 사방에서 퀴퀴한 냄새가 진동하는 로마는 도시라기보다 차라리 마구간에 가까웠다.

　과거에 임종을 앞둔 한 교황이 성 베드로의 의자를 찬양할 '고귀한 건축물'을 세우라는 유언을 남기고 세상을 떠났지만, 그 후계자들은 아직도 그 공사를 완수하지 못했다. 하지만 로마에도 엄연히 성당은 존재했다. 비록 그 성당이 로마의 건축양식에 뚜렷한 영향을 미치지 못했다고 할지라도, 로마 정부는 그 존재를 확실히 느끼고 있었다. 심지어 그 공사에 참여하는 건축가들에게도 교황을 거스르는 행위는 대단히 위험한 도전이었다. 따라서 경솔하고 무모한 미란돌라가 1486년 12월에 출간한 900개의 논제는 치명적인 위험

이 프레스코 화에서 도메니코 기를란다요는 플라톤 철학을 연구하는 모임인 플라톤 아카데미 회원들의 모습을 묘사하고 있다. 왼쪽부터 플라톤의 작품을 라틴 어로 번역했던 마리실리오 피치노, 학자이자 작가로 아리스토텔레스·페트라르카·단테를 연구했던 크리스토포로 란디노, 뛰어난 시인이자 극작가로 로렌초 데 메디치의 자녀들을 가르쳤던 안젤로 폴리치아노, 맨 오른쪽에 어린 시절 로렌초의 스승이던 젠틸레 데 베키(Gentile de Becchi)가 서 있다.

을 초래한 사건이었다.

　미란돌라는 자신의 저서가 곧 열릴 공개토론에서 엄청난 반향을 불러일으킬 것이라고 예상했다. 그러나 1487년 1월 그의 논제에 도전하기 위해 찾아온 학자는 단 한 명도 없었다. 그는 크게 실망했다. 결국 이 토론에서 발표하기 위해 그가 준비한 논문인 《인간의 존엄성에 대한 연설》은 낭독되지 못했다. 이 연설문에서 그는 인간을 '존재의 우주적인 사슬'에서 유일한 존재로 묘사했다. 그는 지구상의 모든 창조물 가운데 오직 인간만이 자신의 운명을 결정할 수 있다고 주장했다. 인간은 자유의지를 통해 짐승의 수준으로 전락하거나 신의 수준으로 격상할 수도 있다는 것이다. 이 철학자는 청중에게 인간의 열정과 동물에게 주어지지 않은 자유의지를 바탕으로 깊이 사색한다면 '사랑으로 창조주를 따르는 사람들'은 완전한 영혼과 천사 같은 삶에 대한 열망을 이룰 수 있다고 말하려고 했다.

　이 연설문은 바티칸을 공격할 기회조차 얻지 못했다. 미란돌라가 사망하고 여러 해가 지나도록 그 내용이 대중에게 전혀 공개되지 않았기 때문이다. 그러나 교황 인노켄티우스 8세와 그의 추종자들은 이 900개의 논제를 모두 읽었다. 그들의 대응은 불을 보듯 뻔한 것이었다. 마술과 신비주의를 옹호한 미란돌라의 태도는 문제의 소지가 다분한데, 인간이 범한 가장 큰 죄조차 영원한 형벌의 대상이 될 수 없다는 개념에서는 이단의 냄새까지 풍겼다. 인노켄티우스 8세는 연기가 나는 곳에는 불씨가 남아 있을 거라고 생각했다. 그는 이렇게 경고했다. "이 젊은이는 언젠가 자신이 화형에 처해지기를 바라고 있다."

　미란돌라는 최악의 시기를 선택했다. 자유로운 사상가들을 좀처럼 용납하지 않던 교회는 그 무렵 종교재판에 이단자들의 죄를 입증할 수 있는 권한을 부여했다. 이제 상황은 급속도로 전개되었다. 1487년 3월, 교황청의 위원회는 미란돌라의 논제 가운데 7개를 이단으로 규정했으며, 또 다른 논제 6개는 정교 사상에 위반된다고 선언했다. 미란돌라는 다시금 충동적으로 대처했다. 그는 자신의 철학을 옹호하는 글을 발표했지만, 이런 행동은 즉시 공식적인 조사를 받는 결과를 초래하고 말았다. 바티칸은 그의 논제가 '이단적인 내용'이며 '이교철학의 죄를 되풀이했다'는 평결을 내렸다.

아직 로마에 머물고 있던 미란돌라는 적들의 소굴에서 벗어나는 것이 안전하다고 판단했을 것이다. 하지만 그해 12월 자신을 이단으로 선포하자, 그는 계속 머뭇거리다가 결국 파리로 도주했다. 그때는 이미 교황청이 잔인한 종교재판관 토르케마다에게 그를 체포하라는 지시를 내린 후였고, 마침내 그는 프랑스에서 체포되어 투옥되었다.

미란돌라의 체포 소식에 프랑스 궁전과 소르본 대학에서 그의 추종자들이 일제히 탄원을 제기했다. 그러나 모두 허사로 끝나고 말았다. 파리 근교에 위치한 감옥에서 그는 부츠가 바닥에 끌리는 소리와 열쇠가 딸랑거리는 소리를 들을 때마다 자신이 석방되기를 기대했다. 하지만 그것은 그저 식사를 가져다주기 위해 지나가는 소리일 뿐이었다. 그는 자기 나름의 방식으로 쥐들이 차가운 돌바닥을 시끄럽게 돌아다니면 비로소 낮이 지나고 밤이 되었다고 판단했지만, 어느 순간부터 더이상 시간과 날짜를 헤아리지 않고 석방에 대

1450년경에 제작된 점성술 서적인 《데 스파에라》에서 여인으로 형상화한 달의 화신이 뱃사람들을 거느린 채 황도 12궁에서 바다와 항구를 관장하는 게자리 위를 걷고 있다. 르네상스 시대에 점성술은 폭넓은

한 기대마저 버리게 되었다. 그가 체포된 지 한 달가량 지났을 때였다. 육중한 감옥문이 귀에 거슬리는 소음을 내며 열렸고, 그는 어디론가 끌려갔다.

도저히 믿을 수 없는 일이 벌어졌다. 미란돌라가 석방된 것이다. 메디치 가가 다시금 그를 돕기 위해 나섰고, 무사히 그를 석방시켜 피렌체로 불러들였다. 하지만 그에게는 중대한 변화가 일어났다. 이제 미란돌라는 그동안 부족했던 신중함을 갖게 되었지만, 안타깝게도 자신의 철학은 포기하게 되었다. 1493년 새로운 교황 알렉산데르 6세는 그를 사면했다. 그러나 교황의 사면조차 한때 이단자로 낙인찍혔던 그의 삶에 밝은 빛을 가져다줄 수는 없었다.

미란돌라는 과거와 달리 좀더 심미주의적 성향을 갖게 되었다. 이제 그는 수도사와 같은 삶을 살기로 결심했고, 이미 그런 삶을 살고 있었다. 그는 그동안 써놓은 수많은 연시들을 순식간에 불태웠으며, 한때 자신이 주장했던 점성술을 비난하는 책을 저술했다. 또 가난한 소녀들을 위한 지참금으로 재산을 기부했다. 1494년 후반, 수많은 군중이 모인 산마르코 성당의 연단에서 종말을 예언하는 지롤라모 사보나롤라의 연설에 온몸에 소름이 돋고 머리카락이 곤두서는 듯한 감동을 받은 그는 마침내 세상과의 인연을 끊고 도미니쿠스 수도사가 되기로 결심했다.

그러나 피렌체와 미란돌라 모두에게 시간은 너무나 야속하게 흘러갔다. 1494년 11월 17일 프랑스의 샤를 8세는 엄청난 대군을 진두지휘하며 포르타 산 프레디아노를 지나 곧장 피렌체로 진군했다. 바로 그날 뱀처럼 구불구불한 거리에 있는 좁은 방에서 31세의 젊은 지오반니 피코 델라 미란돌라는 치명적인 열병에 걸린 채 침대에 누워 있었다. 그 방은 속세의 물건이라곤 하나도 남김없이 말끔히 청소되어 있었다. 결국 도미니쿠스 수도사가 되리라는 그의 희망은 죽음으로 향하는 거친 숨결 속에서 서서히 저물어가고 있었다.

샤를 8세가 이끄는 군대는 교활한 밀라노 공작 루도비코 스포르차의 요청

신뢰를 받았다. 여러 대학들에서 점성술을 가르쳤으며 인문주의자들도 고대 점성술의 기원에 대해 연구했다. 점성술사들은 모든 법정에서 신성한 대우를 받았다. 또 수많은 선원들, 의사들, 교황들, 결혼을 앞둔 신부들도 모두 점성술사들이 지닌 천궁도의 별점에 의존했다.

으로 피렌체를 침공했다. 그는 프랑스 군대가 자신의 적국을 위협하는 동안에 무사히 밀라노의 권력을 장악하려는 속셈이었다. 그 계획은 프랑스 군대가 이탈리아에서 서둘러 철수할 의사가 없다는 사실을 스포르차가 깨닫게 될 때까지는 어느 정도 효과를 거두는 듯했다. 이 프랑스 군대는 스포르차의 밀라노를 비롯한 이탈리아 연합군의 공격을 받고서 프랑스로 철수했고, 3년 후 샤를 8세는 세상을 떠났다.

스포르차에게는 불운한 일이었지만, 샤를 8세의 후계자 루이 12세는 선왕이 이탈리아에서 당한 수모를 직접 복수하겠다고 선언했다. 1499년 8월, 프랑스 군대는 다시금 이탈리아 반도로 진격했다. 이번에는 밀라노가 공격대상이었다. 자신의 국가를 수비할 대규모 병력을 소집할 수 없었던 스포르차는 성난 프랑스 군대에게 국민의 운명을 떠넘긴 채 혼자 알프스를 넘어 북쪽으로 달아났다.

폐허로 변한 밀라노의 거리에서 위대한 거장 레오나르도 다 빈치는 홀로 비탄에 잠긴 채 아침바람에 옷자락을 휘날리며 발걸음을 재촉하고 있었다. 한때 자신의 막강한 후원자가 버리고 간 이 도시는 이런 비참한 상황을 맞이하지 않을 수도 있었다. 그는 너무나 허망했다. 16년 전 피렌체를 떠나 처음 밀라노에 도착했을 때만 해도 루도비코 스포르차 공작을 위해 튼튼한 다리를 설계하고, 강력한 무기를 만들고, 어떤 적들도 돌파할 수 없는 막강한 요새를 구축할 수 있으리라는 기대를 품었다. 그러나 밀라

탐험의 시대

제노바의 크리스토퍼 콜럼버스(아래)는 대담한 낙관론과 불굴의 끈기로 한 시대를 대표했던 인물이다. 몽상가이자 선교사이며, 부를 추구한 군인이자 노련한 뱃사람이었던 그는 지리학을 공부하기 위해 라틴 어를 배웠다. 다른 선각자들과 마찬가지로 지구가 둥글다고 믿었던 그는 서쪽으로 항해하면 동방에 닿을 수 있다고 확신했고, 그곳에서 무역의 중심지를 구축할 계획을 세웠다. 하지만 그는 지구의 크기를 과소평가했던 나머지 일본이 아닌 바하마 제도에 상륙하고 말았다.

그럼에도 콜럼버스의 발견은 유럽 전역에 엄청난 반향을 불러일으켰다. 이윽고 다른 탐험가들이 신세계가 아닌 세계 전체를 탐험할 목적으로 항해에 나섰다. 발보아가 최초로 태평양을 발견한 지 불과 30년 만에 바스코 다 가마가 인도에 이르는 항로를 발견했으며, 마젤란은 세계일주에 성공했다.

노 공작은 단 한 번도 그의 제안을 수용하지 않았다. 도대체 그 현명한 루도비코는 지금 어디에 있단 말인가? 레오나르도는 황급히 인스브루크로 향하면서 산타마리아 델레 그라치에 수도원을 불과 몇 미터 남겨두고 자신이 얼마나 발걸음을 크게 내딛었는지 생각하며 혼자 웃고 있었다.

레오나르도는 정문에 있는 수도사에게 말 한마디 제대로 건네지 않고 지나쳐갔다. 그는 친숙한 회랑을 따라가다가 모퉁이를 돌아서 곧장 식당으로 들어갔다. "하나님! 감사합니다." 걸음을 멈추고 멀리 벽을 바라보던 그가 자신도 모르게 큰 소리로 말했다.

다행히 벽화는 무사했다. 온갖 소문이 나돌았지만 그저 소문일 뿐이었다. 그럼에도 불안한 마음은 어쩔 수가 없었다. 프랑스 침략자들이 수도원의 벽을 들어내서라도 〈최후의 만찬〉을 훔쳐가려고 했다는 것이다. 하지만 그런 일은 벌어지지 않았다. "하나님, 감사합니다. 무사히 그림을 지켜주셨군요." 이번에는 혼잣말로 중얼거렸다.

레오나르도는 고개를 움직이며 천천히 자신의 작품을 훑어보았다. 그의 눈은 아무도 찾아낼 수 없는 결점을 찾고 있었다. 그는 스스로도 힘겨워하면서 항상 더 잘할 수 있다고 생각했고, 이 수도원의 부원장을 비롯해 몇몇 사람들은 이런 완벽주의 때문에 그가 작품을 완성하지 못한다고 생각했다.

만약 그것이 사실이라고 주장한다면, 레오나르도는 아무것도 이루지 못한 채 밀라노에 오랜 기간 머물지는 않았다고 반박할 것이다. 무엇보다 그는 〈암굴의 성모〉를 완성했고, 밀라노 공작인 루도비코 스포르차에게 헌정하는 거대한 청동기마상을 세우기 위해 여러 해를 헌신했다. 이 청동기마상이 완성되지 못한 이유는 전적으로 그 청동으로 대포를 만들려고 했던 루도비코 때문이었다. 레오나르도는 그것이 자신의 잘못이 아니라고 주장했다. 루도비코는 그에게 아무리 많은 시간이 소요되더라도 왕실 야외극에 사용할 화려한 의상과 정교한 무대를 제작하라고 지시했다. 심지어 그가 맞이할 10대 신부를 위한 코르셋까지 만들라고 강요하기까지 했다.

레오나르도는 몇 걸음 뒤로 물러난 뒤 다시 한번 〈최후의 만찬〉을 바라보았다. 그는 지난날을 회상했다. 무려 3년에 걸쳐 이따금 새벽부터 저녁까지, 때로는 몇 시간 동안 아무것도 먹지도 마시지도 않고 오직 그림에만 열중했다. 가끔씩 전체적인 조화나 기술적인 측면에 문제가 생기면 몇 시간, 혹은 며칠 동안 손 하나 까딱하지 않다가 그 문제가 해결되면 비로소 그 부분을 서둘러 해결하고 곧바로 하루 일과를 마치기도 했다.

이런 과정(그것은 오히려 시련에 가까웠다)은 수도원의 부원장을 당황하게 만들었으며, 결국 그로 하여금 밀라노 공작 루도비코에게 찾아가 레오나르도의 게으른 태도에 대해 불만을 토로하게 했다. "천재들은 최소의 노력으로 최대의 능력을 발휘하는 것 같습니다." 그러자 레오나르도는 공작에게 평범한 기능공과 위대한 예술가의 차이점은 오직 영감이라고 명쾌하게 해명했다. 다행히 루도비코는 이 예술가의 편을 들었고, 심지어 레오나르도가 수도원의 편협한 부원장을 유다의 모델로 삼겠다고 말했을 때는 혼자 크게 웃기까지 했다.

그 당시 레오나르도는 작은 발자국 소리에도 방해를 받을 만큼 예민했다. 그는 이 식당에 들르는 핑계로 삼았던 조그만 난로를 찾기 위해 주위를 둘러보았다. 이제 밀라노를 떠나기로 결심한 그는 소지품들을 챙겨야겠다고 생각했던 것이다. 작은 물건들은 가져가고, 난로처럼 큰 물건들은 팔아서 돈을 보탤 생각이었다.

레오나르도의 불후의 명작 〈최후의 만찬〉은 제자의 배신을 예언한 예수의 말을 들은 사도들이 저마다 깜짝 놀라며 "주여, 저는 아니겠지요?"라고 묻지만, 오직 유다만이 슬쩍 뒤로 물러나 은이 든 자루를 쥐는 모습을 묘사하고 있다. 산타마리아 델레 그라치에 수도원 식당의 벽면에 그려진 이 벽화는 수도사들이 식사할 때마다 최초의 성찬식을 상기하도록 만들었다.

레오나르도는 서둘러 식당을 살펴보았지만, 그 난로는 눈에 띄지 않았다. 바로 그 순간 그는 고깔모자를 쓴 수도사들이 부원장을 이끌고 식당으로 들어온다고 상상했다. 그 난로에는 나쁜 기억이 서려 있었다. 그는 〈최후의 만찬〉을 작업하는 동안 식당의 습기를 제거하기 위해 난로에 불을 피웠다. 이곳의 습기는 가장 치명적인 결점이었다. 그는 그것이 전적으로 자신의 실수였다는 사실을 알고 있었다. 무엇보다도 벽면에 석회를 바르고 그것이 마르기 전에 수용성 안료를 칠하는 안전한 프레스코 화법 대신 달걀 노른자에 안료를 섞어 마른 벽면에 칠하는 템페라 화법을 선택한 사람이 바로 레오나르도였다. 또 그는 실험적으로 역청과 회반죽으로 애벌칠을 한 후에 템페라 화법을 구사하기도 했다. 그러나 난로도 애벌칠도 아무런 효과를 거두지 못했다. 그 결과는 이미 얼룩덜룩한 벽화의 표면에서 명백히 드러났다.

마지막으로 한번 더 벽화를 둘러본 후 긴 테이블 끝에서 무표정하게 서 있는 부원장을 향해 목례를 한 레오나르도는 조용히 식당을 빠져나왔다. 우습게도 부원장은 예수를 배신한 유다의 모습 아래에 서 있었다. 이윽고 옷깃을 꼼꼼히 여민 레오나르도는 정문을 나서며 차가운 12월의 바람 속으로 발걸음을 옮겼다.

밀라노를 떠날 준비를 하면서 레오나르도는 은행 잔고의 대부분을 피

레오나르도는 자신이 태어난 마을에서 가까운 토스카나 지방의 조그만 마을인 빈치(왼쪽)를 성(姓)으로 사용했다. 이 평화로운 전원에서 예술가이자 과학자인 그는 자연과 그 자연이 가진 위대한 힘을 탐구하며 어린 시절을 보냈다. 훗날 그는 이런 견해를 밝혔다. "자연에 대해 해박한 지식을 가진 대가들을 찾아가는 것보다 곧장 자연을 찾아가는 것이 더욱 중요하다."

렌체의 몬테 디 피에타 은행으로 옮겨놓았다. 또 각종 서적들을 비롯해, 침구·옷·내의·종이 그리고 백합과 멜론 씨앗을 담은 상자 3개도 당나귀에 실어 따로 운반했다. 레오나르도 자신은 여러 지역을 두루 거치며 남쪽으로 향했다. 그는 먼저 만토바에 들러 루도비코의 고집 센 처제 이사벨라 데스테를 위한 작품을 구상했으며, 피렌체에 입성하기 전에는 베네치아에도 잠시 머물렀다.

이런 변화의 시기는 레오나르도에게 앞날을 예측하는 동시에 지난날을 회고하는 시간이었다. 실제로 그는 47년 동안 이런 험난한 굴곡을 헤치며 살아왔다. 그는 부와 명예를 갖춘 공중인 아버지를 두었지만, 평생 서자라는 출신배경을 극복할 수 없었다. 르네상스 사회는 그의 아버지가 천한 신분인 카테리나와 맺은 관계를 간과할 수는 있어도 그 결과는 결코 용인하지는 않았던 것이다. 결국 서자 출신이라는 이유로 레오나르도는 정상적인 직업을 갖고 순탄한 사회생활을 할 수가 없었다.

레오나르도는 과거를 생각하며 회상에 잠겼다. 지난날 거장 안드레아 델 베로키오에게 도제수업을 받기 위해, 정겨운 언덕과 포도농장들이 있는 조그만 마을 빈치를 떠나 피렌체로 향했던 때가 얼마나 오래 전이었던가. 10대 시절 새카만 머리에 얼굴도 곱상했던 그는 거리에서 다른 아이들과 함께 개와 돼지들과 뒤섞여 한바탕 달음질을 한 후에 베로키오의 공방에 모습을 드러냈다.

출입문에 친 차양을 피해 안으로 들어온 그는 온통 새하얀 벽면에 수많은 스케치들이 걸려 있는 모습을 보았다. 그 방은 온갖 장비로 가득했고, 아주 다양한 작업이 진행되고 있었다. 다른 공방들과 마찬가지로 베로키오의 공방도 평범한 작업실이라기보다 공장에 가까웠다. 그곳에서는 그림이나 조각뿐만 아니라, 각종 무기들과 가지 달린 촛대, 쇠를 주조해서 만든 종도 생산되었다.

레오나르도 다 빈치의 출중한 재능은 결코 위대한 예술작품들에만 국한되지 않는다. 그의 천재성은 다양한 발명품을 스케치하고 여러 자연현상들을 관찰한 노트에서도 명확히 드러난다. 그는 밀라노 공작인 스포르차의 궁전에 머물면서 기계적인 체계들과 기계장치들을 스케치했다. 그 당시의 다른 예술가들과 마찬가지로 레오나르도도 운하 · 교량 · 거리 · 건물부터 왕실 야외극을 위한 무대 · 의상에 이르기까지 다양한 분야에 대한 설계와 디자인을 위해 기술과 건축에 통달해야만 했다. 그러나 직업적인 필요성으로 시작했던 일들은 이내 순수한 과학연구로 전환되었다. 그는 왕성한 호기심을 바탕으로 기계와 동식물들을 연구했으며 여러 가지 원리들이 작용하는 방식을 분석했다.

1519년 세상을 떠날 때까지 레오나르도는 무려 5,000페이지가 넘는 분량의 노트에 정교한 스케치와 함께 뒤편에 그에 대한 주석을 달았는데, 이 주석은 왼손 글씨로 씌어져 오직 거울을 통해 보아야만 읽을 수 있다. 이런 스케치 가운데 일부는 비행에 대한 순수한 환상(우화적인 동물, 의상, 풍자화)을 표현한 것들도 있다. 또 다른 일부는 비행에 대해 진지하게 연구한 것들로, 여기에는 헬리콥터의 기원이 되는 모형도 포함되었다.

레오나르도는 낙하산 · 엘리베이터 · 자전거 · 탱크 · 기관총 · 잠수함 · 잠수복 · 구명조끼에 이르는 수많은 발명품을 고안했지만, 그것들은 몇 세기가 지난 후에도 실용화되지 못했다. 유일하게 베틀만이 그 당시에 실제로 사용되었다. 특히 그가 제작한 인체 해부도는 비교해부학의 시초로서 근대의학의 기초가 되었다. ✻

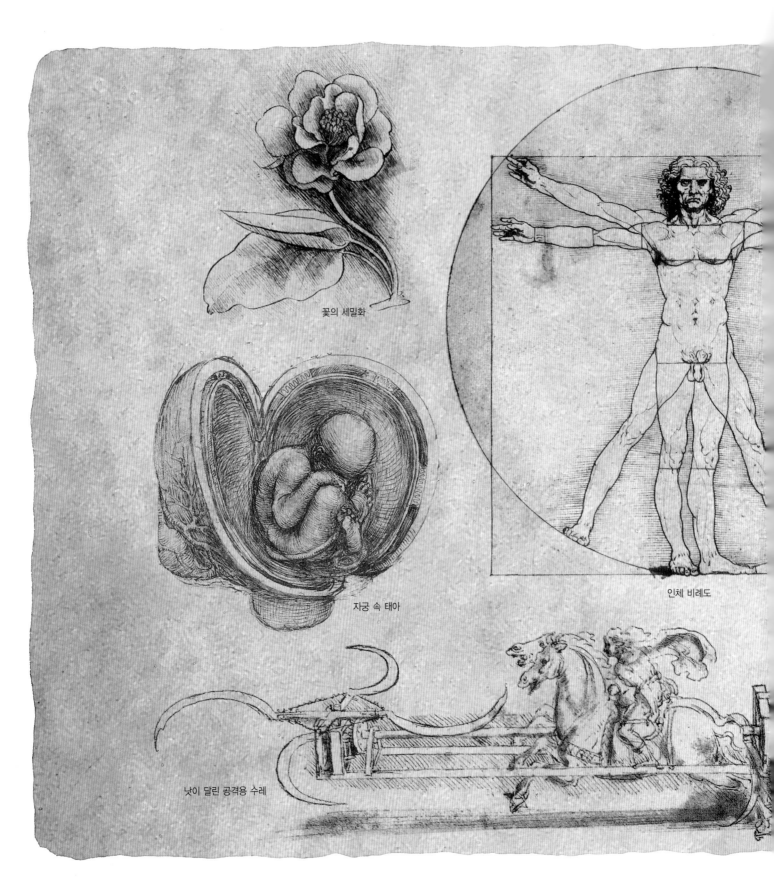

꽃의 세밀화

자궁 속 태아

인체 비례도

낫이 달린 공격용 수레

구명조끼

비행기계 설계도

수동 동력전달 장치에 의한 목제 비행체

레오나르도는 그에게 주어지는 모든 일을 훈련의 일부분으로 받아들였다. 그림 붓을 세척하는 일에서부터 일과 후에 바닥을 청소하는 일, 그림에 쓰일 안료를 혼합하는 일, 조각에 필요한 돌을 캐내는 일까지 그 어느 것 하나도 마다하지 않았다. 점차 그는 배경을 채색하는 일이나 직접 한 작품을 완성하는 일도 할 수 있게 되었다. 이처럼 관찰과 경험을 통해 꾸준히 기술을 연마한 그는 도제과정이 끝날 무렵에는 마에스트로(거장)의 칭호가 주어지는 수준에 도달했다.

그날은 레오나르도가 피렌체에 도착한 지 6년 후인 1472년에 찾아왔다. 그의 이름은 '세인트 루크 길드의 붉은 장부'에 등재되었다. 이 길드의 명단에는 약제사·향료상인·고객·의사·예술가들의 이름이 기재되었다. 그는 자신의 공방을 차릴 수 있었지만, 몇 해 더 베로키오의 공방에 머물기로 결정했다. 어쩌면 스승의 공방에서 자신을 필요로 하는 시기에 바로 마에스트로로 독립해야 한다는 것이 부담이 되었을지도 몰랐다.

그 당시 레오나르도는 다양한 분야에 심취해서 많은 시간을 공부하는 데 할애했다. 광학에서 식물학·역학·음악·수력학·천문학·조병학(造兵學)·도시계획에 이르기까지 관심을 두지 않은 분야가 거의 없을 정도였다. 한때 그는 수학이 최고의 학문이라고 생각했다. "수학에 담긴 최고의 확실성을 모르는 사람은 혼돈에 빠지게 될 것이다." 심지어 경이로운 인체조차 신비한 기계의 작용으로 설명될 수 있었다. 인체는 통제가 가능한 기계로서 다른 모든 기계들과 마찬가지로, 역학의 원리와 수학이라는 불변의 법칙을 통해 운영된다는 것이다.

그는 제자들에게 이렇게 말했다. "관찰이 전부다. 눈으로 볼 수 있는 것에서 시작해라. 그리고 눈으로 발견할 수 있는 것에서 배워라." 이런 철학을 바탕으로 레오나르도는 수많은 발견을 이루어낼 수 있었으며, 그가 남긴 여러 해부도들은 그러한 사실을 확실히 입증했다. 그는 어둠침침한 촛불 아래서

30구가 넘는 시체를 해부한 결과물인 그 해부도들을 "내가 인류에게 주는 선물"이라고 지칭했다. 훗날 그가 비행에 관심을 갖게 된 계기도 날아가는 새들을 관찰하고 복잡한 새의 몸을 해부하며, 그 지식으로 새의 동작을 흉내내는 기계에 적용하는 것에서 시작되었다. 그의 추론에 의하면 하늘을 날아다니는 새도 수학법칙을 통해 움직이는 일종의 기계일 뿐이었다.

수학법칙을 절대적으로 신봉했던 레오나르도는 이따금 그 법칙을 영리한 살라이에게 적용할 수 있을지에 대해 고심했을 것이다. 그 당시 19세의 소년이던 그는 레오나르도가 9년 전에 입양한 고아로 피렌체에서도 함께 지내고 있었다. 살라이는 '악마의 팔다리'라는 뜻으로 그 아이처럼 지갑을 뒤지거나 돈이 될 만한 물건은 모두 팔아치우는 악동에게는 아주 적당한 별명이었다. 레오나르도는 크게 낙심했다. 시간이 흘러도 살라이는 좀처럼 변하지 않았기 때문이다. 그러나 악마 같은 기질에도 불구하고 천사 같은 얼굴을 보면서 레오나르도는 그 아이와 함께 지내는 것을 행복으로 여겼다.

만토바에 잠시 머물며 레오나르도는 후작부인 이사벨라 데스테의 개인 박물관을 둘러볼 기회를 가졌다. 완고한 그녀는 레오나르도의 손을 잡으며 자신의 초상화를 그려주기를 바라는 마음을 전했다. 후원자를 필요로 하면서도 후작부인의 육감적인 매력을 걱정했던 그는 재치를 발휘해 위기를 넘겼다. 그는 만토바에 얼마나 머물지 알 수 없지만 자신이 할 수 있는 일들을 찾아보겠다고 말했다.

레오나르도는 그녀가 지나치게 군림하는 후원자로 악명 높다는 사실을 알고 있었다. 무엇보다도 이사벨라는 자신이 원하는 그림을 완성하지 못한 레오나르도를 대신할 화가로 이미 벨리니까지 초청했다. 시간의 제약을 싫어하고 자유로운 창작을 추구했던 그는 점차 그런 추세를 보이던 다른 예술가들과 마찬가지로 아주 짧은 기간이라도 결코 구속당하려 하지 않았다. 레오나

EVCLIDES.

르도는 결국 화려한 초상화가 아닌 그녀가 그럭저럭 만족할 만한 스케치만을 남기고 그곳을 떠났다. 그는 이렇게 생각했다. "사람은 혼자일 때 비로소 완전한 역량을 발휘할 수 있다."

레오나르도는 살라이와 함께 만토바를 떠나 베네치아로 향했다. 그는 잠시 그곳에 머물며 계곡을 물에 잠기게 할 수 있는 방법을 고안했다. 베네치아는 호시탐탐 자국을 위협하는 투르크 군대를 물리치기 위해 그 계획이 필요했다. 하지만 그의 군사전략에 대한 베네치아 정부의 인식은 과거 밀라노 공작 루도비코와 크게 다르지 않았다. 1500년 4월 레오나르도는 다시금 발걸음을 옮겨 피렌체로 향했다.

이제 48세에 접어든 레오나르도는 머리가 희끗희끗해지고 입가에는 주름이 잡혔다. 마침내 피렌체에 도착한 그는 여전히 후원자를 필요로 했다. 이곳에서는 다행히 은행에 저축한 돈으로 살아갈 수 있었다. 이제 그는 예술가들에게 더 많은 혜택이 부여되는 도시에서 생활하게 되었는데, 그것은 예술과 건축에 많은 돈을 투자할 수 있는 부유한 중산층이 급부상한 덕분이었다. 이런 혜택은 그저 봉급만 지급되는 수준에서 그치지 않고, 숙소를 비롯해 작업에 필요한 부대조건까지 모두 제공되기 때문에 더없이 반가운 것이었다.

레오나르도는 즉시 자신이 일할 수 있다는 사실을 알렸고, 아눈치아타 수도원에서 제단에 그림을 그리는 작업을 맡게 되었다. 그는 서둘러 새로운 거처를 마련했다. 그러나 수도사들은 몹시 걱정했다. 여러 달이 지나도록 그가 전혀 그림을 그리지 않고 수학과 기하학에만 몰두했기 때문이다. 어리석은 수도사들은 인내심에 한계를 느끼고, 처음에 그 일을 계약했던 필리피노 리피가 레오나르도에게 경의를 표하며 정중히 그 일을 포기했던 것을 원망했다.

창조는 결코 서두르지 않는다는 신념을 지닌 레오나르도는 겉보기에 그저 시간만 축내고 있는 듯했다. "그는 그저 하루만 살고 말 사람처럼 보입니다." 프라 피에트로 다 노벨라라는 그때까지도 채색하지 않은 자신의 초상화가 완

| 이탈리아의 전투방식 |

1432년에 벌어진 산 로마노 전투(아래)에서 피렌체 군대가 시에네세 군대를 격퇴했을 때, 총사령관 니콜로 다 톨렌티노는 피렌체의 영웅이 되었다. 하지만 알라만노 살비아티라는 한 정치인은 오직 톨렌티노를 모욕할 수 있는 방법만을 궁리했다. 그는 이렇게 적었다. "나는 대체로 그대와 같은 사람들을 혐오한다." 살비아티에게 총사령관은 그저 돈을 위해 싸우는 용병에 불과했던 것이다.

그러나 살비아티도 피렌체가 용병을 필요로 한다는 사실을 잘 알고 있었다. 르네상스 이탈리아에서 전쟁은 냉혹한 현실이었다. 만약 외국의 군대를 막아내지 못한다면, 이탈리아 반도에 난립한 도시국가들은 제한된 영토와 국민, 시장을 두고 서로 치열한 전투를 벌여야만 했다. 대부분의 도시국가들은 끊임없는 전쟁에 소중한 시민들을 희생하는 대신 언제든지 돈을 주고 고용할 수 있는 용병들에게 의존했다.

초창기 이탈리아의 용병들은 두려움과 경멸의 대상이었다. 전시가 아닐 때에 그들은 무법자로 돌변했기 때문이다. 그러나 15세기부터 이런 부랑자 집단은 대부분 과거의 유물로 사라지고, 톨렌티노 같은 지휘관이 이끄는 조직적인 용병부대로 대체되었다. 지휘관들은 도시국가를 위해 헌신하고 절대로 배반하지 않는다는 조건으로 정식계약을 체결했다. 도시국가는 지휘관이 계약을 위반할 경우 벌금을 부과하거나 해고할 수 있었는데, 치명적인 배반행위에 대해서는 사형까지 선고할 수도 있었다.

그러나 뛰어난 능력과 충성심을 보인 지휘관들에게는 그 대가로 토지가 하사되고 시민권도 부여되었으며, 심지어 귀족으로 승격되는 경우도 있었다. 이런 대우는 유능한 용병들이 귀화하는 동기를 부여했다. 그 결과 16세기에 그들은 자유계약 신분을 포기하고 영구계약을 체결하는 군인이 되었다. ✷

성되기를 바라던 이사벨라 데스테에게 보내는 편지에서 이렇게 불평했다. 10일 후, 프라 피에트로는 살라이를 통해 간신히 얻어낸 소식을 이사벨라에게 전했다. 레오나르도는 "온종일 수학실험에 몰두한 나머지 붓에는 눈길조차 주지 않는다"는 내용이었다.

레오나르도는 후작부인을 위해 붓을 잡을 생각은 전혀 없었다. 애초에 초상화를 완성하겠다는 의도가 없었던 것이다. 그러나 이 수도사들과 관련된 일은 전혀 다른 문제였다. 그는 성모 마리아와 그녀의 어머니 성 안나, 아기예수의 모습을 스케치하기 시작했다.

"나는 기적을 이루어낼 것이다." 과거 젊은 시절 레오나르도는 노트에 이런 글을 적었다. 이제 제대로 명암의 균형을 구사하기 시작하면서 인물의 얼굴에 '영혼의 생각'을 부여할 수 있게 된 그는 어떤 의미에서 일종의 기적을 이루어내고 있었던 것이다. 확실한 사실은 그를 고용했던 사람들도 그런 믿음을 가졌다는 것이다. 1501년 4월에 스케치가 끝났을 때, 그들은 그 스케치를 바로 전시했다. 이틀 동안 전시장에 모여든 피렌체 시민들은 그 스케치 앞에서 도무지 떠날 줄을 몰랐다. 한 관람객은 이런 글까지 남겼다. "너무나 완벽해서 온몸이 마비된 듯했다."

이사벨라 데스테는 자신의 초상화가 채색되지 않았다는 사실을 잘 알고 있었다. 레오나르도는 여러 해에 걸쳐 〈성 안나와 성모자〉를 채색하는 작업에 몰두했기 때문이다. 심지어 그 작업이 끝난 후에도 그녀의 초상화는 완성되지 않았다. 든든한 후원자의 부재와 기하학에 대한 열정 때문에 그는 도무지 붓을 잡겠다는 생각을 하지 않는 듯했다.

이런 상황에서 그의 해결책은 짐을 싸서 떠나는 것이었다. 1502년 여름, 그에게 군사전략가로 활동할 기회가 찾아왔고, 결국 그는 아눈치아타의 수도사들에게 작별인사를 전했다. 그는 지난날 밀라노 공작과 베네치아 정부에게

서적이 풍부했던 시대

인쇄술은 르네상스 시대에 교육과 의사소통의 혁신을 주도하며 세계를 변화시켰다. 당시 이탈리아에는 73개에 달하는 인쇄소가 운영되었다. 특히 베네치아에서 알디네 출판사를 운영하던 알도 마누치오는 뛰어난 품질의 주요 고전작품들을 출간했는데, 그는 출판사의 문양으로 돌고래가 닻을 휘감고 있는 형상(왼쪽)을 채택했다. 그 문양은 '서서히 촉진하라' 는 의미였다.

1501년에 이 출판사는 베르길리우스의 시집(아래)을 출간했다. 이 시집은 새로운 이탈릭체 활자로 제작된 최초의 포켓북이었다. 이 화려한 시집은 손에 들고 다니기 편했기 때문에 유식한 상인들과 귀족들에게 많은 인기를 끌었다. 아마도 이사벨라 데스테 같은 귀족도 이 시집을 소장하고 있었을 것이다.

ALDVS STVDIOSIS
OMNIBVS.   S.

P. V. M. Bucolica. Georgica. Aeneida quam emenda
ta, et qua forma damus, uidetis. cætera, quæ Poeta
exercēdi sui gratia composuit, et obscœna, quæ ei
dem adscribuntur, nō cēsuimus digna enchiridio.
Est animus dare posthac ijsdem formulis optimos
quosque autores.   Valete.

IN GRAMMATOGLYPTAE
LAVDEM.

Qui graijs dedit Aldus, en latinis
Dat nunc grammata scalpta dædaleis
Francisci manibus Bononiensis.

P. V. M. MANTVANIB V
COLICORVM
TITYRVS.

Meliboeus. Tityrus.

Ityre tu patulæ recubās sub tegmi
ne fagi   Me.
Syluestrem tenui musam medita
ris auena.
Nos patriæ fines, et dulcia linqui
mus arua.
Nos patriam fugimus, tu Tityre lentus in mbra
Formosam resonare doces Amaryllida syluas.
O Melibœe, deus nobis hæc ocia fecit.   Ti.
Namq; erit ille mihi semper deus, illius aram
Sæpe tener nostris ab ouilibus imbuet agnus.
Ille meas errare boues, ut cernis, et ipsum
Ludere, quæ uellem, calamo permisit agresti.
Non equidem inuideo, miror magis. undiq; totis Me.
Vsque adeo turbatur agris. en ipse capellas
Protinus æger ago. hanc etiam uix Tityre duco.
Hic inter densas corylos modo nanq; gemellos,
Spem gregis, ah silice in nuda connixa reliquit.
Sæpe malum hoc nobis, si mens non leua fuisset,
De cœlo tactas memini prædicere quercus.
Sæpe sinistra caua prædixit ab ilice cornix.
Sed tamen, iste deus qui sit, da Tityre nobis.
Vrbem, quam dicunt Romam, Meliboee putaui Ti.
Stultus ego huic nostræ similem; quo sæpe solemus

외면당했던 바로 그 임무를 수행하기 위해 다시금 낯선 곳으로 향했다.

이 새로운 일에 매력을 느꼈던 레오나르도는 불안한 마음에도 그 제의를 수락했다. 그는 교황령에 속한 파엔차로 향하면서, 줄곧 장차 자신이 겪게 될 일들과 야심만만한 체사레 보르자 밑에서 수행할 임무에 대해 골똘히 생각했다. 하지만 그날처럼 푸른 하늘 아래로 밝은 햇살이 올리브 나무들을 내리쬐는 따스한 날에는 이탈리아가 또다시 전쟁터로 바뀌었다는 사실을 잊어버리기 십상이었다. 이번에 전쟁을 일으킨 인물은 바로 체사레 보르자의 아버지이자 교황인 알렉산데르 6세였다. 체사레조차 이런 상황을 몹시 걱정하고 있다는 사실은 레오나르도도 익히 들어 알고 있었다. 심지어 그는 "그들은 사람의 피에 굶주려 있다"라며 보르자 가 전체를 비난하는 말까지 수긍할 정도였다.

레오나르도는 온갖 살인과 음모에 대한 소문 때문에 고심했다. 그 누구라도 충분히 그럴 만한 상황이었다. 도대체 자신의 몸 속에 고기 한 점조차 집어넣지 못하는 채식주의자인 그가 어떻게 체사레 보르자 같은 인물을 위해 일하겠다는 생각을 할 수 있단 말인가? 혹시 그것은 야망이나 일종의 우유부단함이 아니었을까? 아니면 지난날 손에 티끌 하나 묻히지 않고 시체를 해부하는 장치를 고안할 수 있었던 그런 냉혹한 마음 같은 것이었을까? 레오나르도가 그런 마음으로 체사레의 요구에 따라 일할 수 있을까? 그는 일단 시도해본 후에, 만약 이 최악의 인간들에게서 더 나쁜 결과가 나오면 아무 미련 없이 떠나기로 다짐했다.

체사레는 레오나르도에게 통행증을 발급했다. 거기에는 레오나르도가 "가장 훌륭한 건축가이자 수석 기술자이며 가장 믿음직한 신하"라고 적혀 있었다. 이제 레오나르도는 그 통행증으로 자유로이 여행할 수 있었고, 여러 지역을 돌아다니면서 체사레가 다양한 공격수단으로 활용할 수 있는 지도들을 제작했다. 수많은 마을들이 이 수석 기술자의 지시에 따라 튼튼한 요새로 변모했고, 체세나의 항구를 한층 용이하게 활용할 수 있도록 운하를 건설할 계획도 세웠다. 레오나르도는 토스카나 해안지대에서 온갖 질병을 유발하는 더러운 습지의 배수시설을 고안하는 데 많은 노력을 기울였다.

그는 물을 처리하는 문제에 많은 시간을 할애해야 한다고 생각했다. 그 당시 레오나르도는 유동성과 위험성, 우아함과 잠재력을 지닌 물에 매료되었다. 그는 자기도 모르는 사이에 펜을 집어들고 종이 위에 소용돌이를 차단하는 방벽이나 아주 긴 곡선을 그리기 시작했다. 또 오늘날의 방앗간과 같은 시설이나 다리도 그렸다. 어쩌면 그는 직접 창조주가 되어 대홍수를 일으켜서 마을 전체를 물에 잠기게 했을지도 모른다. 그는 한 스케치 옆에 이런 구절을 적었다. "아, 이 침울한 분위기 속에서 끔찍한 소리들이 들려오는구나! 얼마나 많은 사람들이 탄식하고 있을까!"

레오나르도는 체사레가 끊임없이 북쪽으로 진격하며 자신에게 저항하는 마을을 차례차례 함락시키는 동안, 중부 이탈리아 전역에서 들려오는 탄식을 듣지 못했다. 그러나 잠은 죽음의 모방이라고 경멸했던 이 위대한 예술가는 자신을 고용한 체사레의 지나친 행동을 그저 방관하는 것처럼 보이지는 않았다. 마침내 체사레가 휘하의 장교 2명(1명은 레오나르도의 친구였다)에게 반란을 일으키도록 유도한 후 그들을 체포하여 살해하자, 레오나르도는 곧장 사직하고 서둘러 피렌체로 돌아갔다.

피렌체의 하늘은 1503년 봄 레오나르도가 남부에서 돌아오며 잠시 보았던 그 모습처럼 아름답지는 않았다. 고향으로 돌아온 그는 아무런 목표가 없었다. 온갖 약속을 남겼지만 당장 일할 수 있다는 보장도 없었다.

이제 51세의 나이로 "세월보다 더 빠른 것은 없다"는 사실을 알고 있던 레오나르도는 그나마 몇 개월 동안 피렌체 정부에 군사지식을 제공하는 일에 전념할 수 있었다. 그해 10월, 그는 보르자 휘하에서 일하던 시절에 알게 된 친구로 피렌체 정부의 서기관이던 니콜로 마키아벨리의 도움을 받아 더 나은 일을 하게 되었다. 작업에 필요한 도구들은 물론, 새 집과 작업실까지 얻게 된 그는 처음에 대위원회 회의실에 벽화를 그리는 일을 맡았고, 그후에는 시뇨리아 궁전을 건설하는 작업에 참여했다.

그러나 군대생활에도 불구하고 레오나르도의 작업속도는 향상되지 않았다. 불과 1년 만에 그는 다시 발판을 설치하고 붓과 물감통이 올려진 탁자를 이리저리 옮기며 작업하는 본연의 모습으로 되돌아왔다. 하지만 그는 더이상 어둠침침한 홀에서 혼자 벽화를 그리지 않아도 좋았다. 정부가 레오나르도의 맞은편에서 벽화를 그릴 다른 화가를 고용하기로 결정했기 때문이다. 그들이 선택한 화가는 바로 29세의 미켈란젤로 부오나로티였다.

이 두 화가는 서로 소개할 필요도 없었다. 그들은 상대의 명성을 잘 알고 있었고, 서로를 천재라고 평가했다. 그러나 나이 든 레오나르도는 최근에 내세울 만한 작품을 완성하지 못했다. 아눈치아타 제단의 벽화는 여전히 미완성이었고, 이사벨라 데스테의 초상화는 시작조차 하지 않았다. 반면 젊은 미켈란젤로는 승승장구하고 있었다. 로마에서 〈피에타〉로 유명해졌던 그는 1501년 피렌체로 돌아온 후 〈다비드 상〉으로 더 큰 명성을 얻었다.

미켈란젤로는 피렌체로 돌아온 것을 기뻐했다. 보르자 가의 통치를 받던 로마는 '모든 선(善)이 차단된 도시'였다. 만약 사제복을 입지 않았다면, 거리에서 바티칸에 은둔하는 성직자와 끔찍한 살인자와 사악한 도둑을 구분하기조차 어려운 곳이었다. 그러나 피렌체도 좀더 안전한 도시라는 점을 제외하면 그가 기억하던 5년 전의 모습과는 사뭇 달라져 있었다.

분명히 도시 자체는 변한 것이 없었다. 큰 지붕에 발코니를 갖춘 집들이 좁은 거리에 그늘을 드리웠고 공방 입구에는 눈썹 모양의 차양이 쳐져 있었다. 친숙한 메르카토 베키오의 정육점과 어물전들은 서로 경쟁하듯 지독한 냄새를 내뿜었다.

레온 바티스타 알베르티가
설계한 산타마리아 노벨라의
전면은 르네상스 양식의
특징인 기하학적 무늬가
두 가지 색상으로
대조를 이루며 뚜렷이
윤곽을 드러낸다.

| 예술의 혁명 |

르네상스 시대에 이탈리아 예술은 아주 특별한 혁명을 경험했다. 그 당시 건축가와 화가와 조각가들은 고전의 부흥을 추구했지만, 그들은 단순히 고대 로마의 작품을 모방하는 수준에 머물지는 않았다. 오히려 그들은 고전적인 어휘에 인문주의와 기술과 고전양식이 가미된 새로운 언어를 접목했다. 인문주의 철학의 핵심에는 인간이 만물의 척도라는 사상이 깔려 있었고, 그 개념은 르네상스 예술을 통해 찬란한 빛을 발했다.

르네상스 시대 건축가들은 개인의 시각적 체험에 중점을 두면서 인문주의적 신념을 표현했다. 이런 건축가들이 세운 교회에서 예배자들은 하나님이 그들 위에서 군림하지 않고(고딕 양식의 건축물에서는 그런 느낌을 받았다)그들의 주

위에서 온유하게 머물고 있다고 느꼈다. 그들은 건축물의 설계에서 각 부분과 전체의 간결한 비율을 맞추고, 그 규모도 사람과 비례하여 조정하면서 조화와 정결함을 강조했다.

르네상스 건축양식은 한 인물에게서 큰 영향을 받았다. 그는 바로 피렌체 대성당을 설계한 필리포 브루넬레스키였다. 피렌체의 금세공인이자 조각가인 브루넬레스키는 고대 로마의 건축물들을 연구하고 측정한 최초의 예술가였다. 그는 고전적인 특징에 수학을 기반으로 한 설계를 접목하여, 고전에 충실하면서도 아주 새로운 우아하고 단순한 양식을 창조했다. 레온 바티스타 알베르티와 안드레아 팔라디오(Andrea Palladio) 같은 르네상스 후기의 건축가들은 브루넬레스키의 양식을 따랐다.

16세기 건축가 안드레아 팔라디오는 교회뿐만 아니라 궁전과
저택도 설계했다. 그가 설계한 비첸차 인근의 빌라 로톤다(위)는
신전과 원형사원을 합쳐놓은 듯한 모습이다.

필리포 브루넬레스키는 1430년대에 착공된 피렌체의
산토 스피리토 성당의 내부에서 고전적인 형태의 기둥과
기둥머리, 처마도리를 사용하여 사람들의 시선이 그의 설계에서
핵심을 차지하는 부분인 제단으로 향하게 했다.

르네상스 시대 화가들도 지상에 존재하는 신성한 미를 표현하기 위해 노력했다. 14세기 초반 사실주의 화풍으로 유명했던 화가 조토(Giotto)에게 영향받은 화가들은 인간과 세계를 최대한 사실적으로 묘사하기 시작했다. 그들은 사실주의를 표현하기 위해 고대 조각상과 인간 해부학을 연구했다. 또 그들은 알베르티의 조언에 따르기 위해 부단히 노력했다. "먼저 뼈와 골격에서 시작하라. 그 위에 근육을 덧붙여라. 그리고 이 근육의 위치가 보일 수 있도록 육체에 살을 덮어라." 화가들은 공간을 완벽히 표현하기 위해 직선 원근법과 축소 원근법이라는 두 가지 중요한 기술을 완성했다. 그들은 평평한 표면에서 들어간 공간을 표현하기 위해 직선 원근법을 사용했으며, 어떤 물체에 3차원 효과를 주기 위해 축소 원근법을 활용했다.

이런 기술들이 점차 개량되면서 화가들은 해부학적 정확도와 파올로 우첼로의 '소중한 애인'인 원근법에 집착하는 성향에서 벗어날 수 있었다. 훗날 화가들은 남성과 여성이 지닌 내면의 미를 자유롭게 탐구하게 되었다. 일례로, 산드로 보티첼리는 누드의 육감적 아름다움을 찬양했으며, 레오나르도 다 빈치는 여러 초상화들에서 모델들의 내면을 표현하기 위해 노력했다. ✱

마사초(Masaccio)는 1425년에 완성한 작품 〈삼위일체〉에서 직선 원근법을 완벽하게 구사했다. 그림에서 아치형 천장은 수학적으로 완벽한 곡선을 이루었으며, 예배당 안팎의 인물들은 공간의 원근감을 한층 두드러지게 했다.

1482년경에 제작된 산드로 보티첼리의 〈비너스의 탄생〉은 르네상스 미술의 두 가지 경향을 드러내고 있다. 이상적인 미에 대한 숭배와 비종교적 주제에 대한 관심이 바로 그것이다. 그 당시 회화의 주제로는 특히 고대신화가 많이 사용되었다.

레오나르도 다 빈치의 〈모나리자〉는
르네상스 초상화의 전형적인 작품이다. 그의 말에
의하면, 이 작품에서 모델은 '마음의 움직임'을
드러내기 위해 관람자를 향하고 있다고 한다.

넓은 라르가 거리의 전면에 자리한 메디치 궁전은 반세기 전 그곳에 처음으로 모습을 드러냈을 때와 다름없이 웅장한 위용을 과시했다.

이처럼 도시는 예전과 똑같은 모습이었지만, 지난날 그와 함께 지냈던 수많은 사람들의 모습을 이제는 찾아볼 수 없었다. 고작 13세의 나이에 아버지의 극심한 반대로 고심하던 미켈란젤로를 도제로 받아주고 지극한 정성으로 가르쳤던 스승 도메니코 기를란다요는 자신보다도 유명한 제자가 로마로 떠나기도 전에 세상을 뜨고 말았다. 또 웅장한 메디치 궁전에서 공부할 수 있도록 후원했던 로렌초 데 메디치도 이미 오래 전에 죽고 없었다.

그 당시 메디치 궁전에서 함께 지냈던 사람들 가운데 아직까지 남아 있는 사람은 누가 있을까? 인문주의자 조반니 피코 델라 미란돌라와 마르실리오 피치노도 이미 세상을 떠났다. 시인 폴리치아노와, 한때 로렌초가 '피렌체에서 가장 위대한 거장' 이라는 찬사를 보냈던 안토니오 폴라이우올로의 모습도 볼 수 없었다. 예전에 메디치 궁전에서 저녁식사를 즐기고 대화를 나누며 열정적인 미켈란젤로에게 고전철학과 인문주의를 비롯한 온갖 사상을 전해주었던 사람들은 단 한 명도 남아 있지 않았다.

어린 시절에 세상을 떠난 어머니를 제외하면 미켈란젤로의 가족은 대부분 살아 있었다. 관료 출신으로 예술가가 되려는 아들의 꿈을 반대했던 아버지는 여전히 완고한 모습으로 다른 4명의 형제를 부양하고 있었다.

그러나 아버지는 끝내 아들의 선택을 인정하지 않는 듯했다. 심지어 어린 나이에 〈피에타〉를 완성하며 조각가로 성공을 거두었지만, 그것도 아버지의 마음을 움직이지는 못했다. 루도비코 부오나로티는 아들이 그처럼 큰 명성을 떨치면서도 그토록 적은 보수를 받는 것을 이해할 수 없었다. 그는 이렇게 말했다. "그저 뛰어난 석공일 뿐이야. 내 아들은 뛰어난 석공이야."

루도비코에게 정작 자신은 고작 세관원이었다는 사실은 그다지 중요하지 않았다. 그에게 가장 중요한 사실은 부오나로티 가문이 우수한 귀족혈통이기 때문에 지금의 처지보다 더 나아져야 한다는 것이었다.

"그저 뛰어난 석공일 뿐이야. 내 아들은 뛰어난 석공이야."

루도비코의 지나친 자부심은 아들에게 가문의 명성을 회복해야 한다는 결연한 의지를 심어주었다. 실제로 최근에 로마에서 보낸 여러 해 동안 미켈란젤로는 지나칠 정도로 아끼면서 살았던 기억을 도저히 잊을 수가 없었다. 평소에도 근검한 생활습관을 보이던 그로서는 굳이 그 기억을 떠올릴 필요도 없었다. 단 한푼이라도 아끼기 위해 4인용 침대에서 잠을 잤고, 식사는 빵한 조각으로 해결했으며, 일하거나 잠잘 때도 항상 더러운 옷을 걸쳤다. 이처럼 절약하는 습관 덕분에 그는 집으로 돈을 송금하여 아버지와 형제들을 부양했고, 나중에는 가족이 피렌체에서 생활할 수 있도록 부동산을 사들이고 사업에도 투자했다.

3년 전 미켈란젤로는 장차 〈다비드 상〉으로 탄생할 조각상의 제작을 수락했다. 그 당시 그는 돈이 절실히 필요했지만, 그에 못지않게 평범한 인물상

미켈란젤로의 조각상 〈피에타〉에서 죽은 예수가 성모 마리아의 무릎에 안겨 있다. 이 작품에서 마리아의 주름진 옷자락 위로 예수의 사지가 단정하게 놓여 있다. 일반적으로 피에타(이 단어는 십자가에 못이 박힌 예수가 성모의 품에 안긴 것을 의미한다)의 이미지는 고통의 장면을 나타내지만, 미켈란젤로는 고전을 배제하고 인물들을 우아하게 표현했다. 이 작품은 1500년에 성 베드로 대성당에 전시되었다. 훗날 순례자들이 자신의 〈피에타〉를 다른 사람의 작품으로 혼동한다는 소문을 들은 미켈란젤로는 성모의 가슴에 두른 띠에 자신의 이름을 새겨넣었다.

이 아닌 거대한 인물상을 조각하는 그 일에 도전하고 싶었다. 그 조각상은 어지간한 성당의 부벽(扶壁, 건축물을 외부에서 지탱해주는 장치. 장식 효과도 있어 고딕 건축에서 많이 볼 수 있다-옮긴이) 위에 설치하면 아래에 있는 사람들이 그 웅장한 모습에 완전히 압도될 만큼 엄청난 규모였다. 비록 그다지 어려운 작업은 아니었지만, 그는 다른 조각가가 실패하고 남긴 거대한 대리석으로 인물을 조각해야만 했다.

처음에 그 대리석을 본 순간 미켈란젤로는 선뜻 자신감을 갖지 못했다. 무려 5.4m 높이의 대리석 주위를 천천히 돌며 아래위로 꼼꼼히 살피던 그는 약 40년 전 도나텔로의 제자가 그 작업을 포기한 이유를 단번에 알게 되었다. 그 조각가는 서툰 솜씨로 거대한 대리석을 망쳐놓았을 뿐만 아니라, 자신이 실수한 부분들을 복원할 능력조차 없었다.

항상 은밀히 작업했던 미켈란젤로는 즉시 대리석 주위에 나무울타리를 치도록 지시했다. 그는 한 달 만에 조각상의 모델을 완성하고 본격적인 작업을 시작할 준비를 마쳤다. 이윽고 날마다 옷이 땀에 흠뻑 젖을 만큼 열심히 정으로 조각한 끝에, 흉물스럽던 대리석은 서서히 형태가 잡혀갔다. 마침내 그가 나무울타리를 걷어냈을 때, 사람들은 "모든 면에서 다윗이 아니다"라고 말했다.

그 조각상의 실체는 명백한 다윗의 나신상으로 그 노골적인 모습을 감출 장막조차 씌워져 있지 않았다. 이 거대한 조각상은 대리석 본래의 크기를 최대한 유지했기 때문에 양손과 머리의 크기도 엄청난 규모였다. 그러나 땀과 대리석 먼지로 뒤범벅이 된 얼굴을 소매로 닦으며 몇 발자국 뒤로 물러선 미켈란젤로는 단순한 조각상을 초월한 한 존재를 올려다보고 있었다. 그것은 조각가의 과감한 정신이자 양치기 소년 다윗의 용기의 구현이었으며, 피렌체의 자부심이었다. 미켈란젤로는 이 완벽한 작품을 통해 육체는 영혼의 거울이라는 스스로의 신념을 확인할 수 있었다.

1504년 〈다비드 상〉이 완성될 무렵 정부(예술가·건축가·시민으로 구성된 위원회)는 이 조각상을 피렌체 성당이 아닌 시뇨리아 궁전 앞에 세우기로 결정했다. 물론 레오나르도 다 빈치는 조각상에 '기품 있는 장식물'을 추가해야 한다고 조언했다. 하지만 그 운반작업은 거대한 조각상을 밧줄로 묶어 목조틀에 고정시킨 후, 무려 40명의 인부들이 기름을 잔뜩 친 통나무 바퀴를 온힘을 다해서 밀어도 가까스로 나흘 만에 끝낼 수 있는 대규모 공사였다. 미켈란젤로는 비좁은 거리에서 자신의 작품이 아슬아슬하게 운반되는 모습을 불안한 마음으로 지켜보았다. 그는 운반작업이 시작되기도 전에 조각상이 파손되는 사건이 일어나 몹시 걱정하고 있었다. 일부 과격한 사람들(아마도 조각상의 노골적인 표현, 혹은 정치적 상징성에 반대했을 것이다)이 어둠을 틈타 몰래 조각상에 돌을 던졌던 것이다. 결국 더이상의 범죄가 일어나는 것을 방지하기 위해 경비원이 〈다비드 상〉 주위를 철저히 감시해야만 했다.

시뇨리아 궁전에 세워진 〈다비드 상〉은 정면을 황동 화환으로 장식한 후에야 비로소 사람들의 관심을 끌기 시작했다. 그 무렵 미켈란젤로는 레오나르도 다 빈치와 함께 대위원회 회의실에서 함께 작업하고 있었다. 미켈란젤로는 〈카시나 전투〉를 스케치하고 있었고, 레오나르도는 〈앙기아리 전투〉의 채색작업을 준비하고 있었다.

그러나 두 사람은 결코 공존할 수 없었다. 미켈란젤로는 경솔하게도 나이든 선배 예술가에게 밀라노 공작을 위한 청동기마상을 완성하지 못했다며 모욕을 주었고, 레오나르도는 〈다비드 상〉의 나신은 너무 노골적이라고 주장하며 젊은 후배를 비난했다. 그들은 철학적인 관점에서도 큰 차이를 보였다. 신앙심이 깊었던 미켈란젤로는 하나님에 대한 지극한 헌신과 예술 자체를 위한 예술을 추구했던 반면, 레오나르도는 과학과 자연을 굳게 신봉했다. 까다로운 성격의 레오나르도는 자신의 작품 앞에서 고개를 살짝 들며, 그저 체격만 좋고 허리도 구부정해서 도무지 기품이라곤 찾아볼 수 없는 미켈란젤로의 모습을 바라보며 혐오감에 입술을 씰룩거렸다. 언제나 지저분한 옷을 걸친 이 젊은이는 몸도 제대로 씻지 않아 몹시 더러웠고 말도 무척 빨랐다. 게다가 오래 전에 조각가 피에트로 토리자노와 싸워 코뼈마저 부러질 만큼 성품도 형편없었다.

다행히 두 사람은 오랜 기간 함께 지내지는 않았다. 1505년 초반 미켈란젤로는 그 당시 내세에 관심을 갖고 자신의 지위에 걸맞는 묘소를 원하던 교황 율리우스 2세에게 소환되었다.

〈다비드 상〉의 경우와 마찬가지로 이번 교황의 의뢰도 도저히 거부할 수 없었다. 더욱이 보수도 상당한 수준이었다. 미켈란젤로는 서둘러 몇 가지 설계도를 작성했고, 그중에서 교황은 수십 개에 달하는 조각상과 청동으로 양각을 새긴 3층 규모의 건축물을 설계한 도면을 채택했다. 4월 말 새로운 작업에 착수한 미켈란젤로는 교황의 묘소에 사용할 대리석을 직접 고르기 위해 카라라의 채석장으로 향했다.

채석장에서 그는 아주 행복한 기분에 빠져들었다. 그는 사방을 둘러볼 때마다 대리석들에서 조각상을, 투박한 기둥들에서 기념비를, 절벽 전체에서 거상들이 만들어질 모습을 저절로 떠올릴 수 있었다. 온통 못이 박인 손으로 거친 석판을 쓰다듬던 그는 그 돌이 원하는 것을 느낄 수 있다고 상상했다. "가장 위대한 예술가는 결코 모든 대리석을 틀에 박힌 형태로 상상하지 않는다."

그러나 미켈란젤로는 더 좋은 시기를 선택할 수 있었다는 것과, 모든 채석작업을 직접 감독할 수 없다는 점까지 예측할 수는 없었다. 거대한 산에서 커다란 돌들이 잘려지고 경사면을 따라 운반되는 과정은 항상 갑작스러운 사고

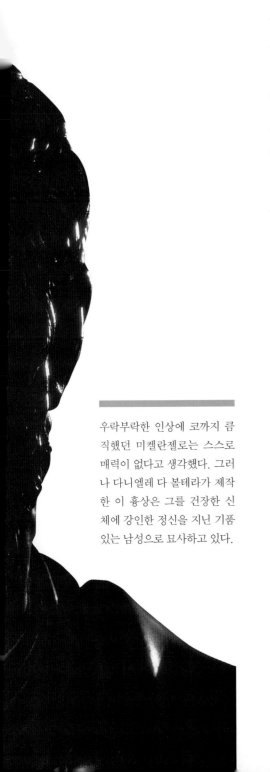

우락부락한 인상에 코까지 큼직했던 미켈란젤로는 스스로 매력이 없다고 생각했다. 그러나 다니엘레 다 볼테라가 제작한 이 흉상은 그를 건장한 신체에 강인한 정신을 지닌 기품 있는 남성으로 묘사하고 있다.

로 목숨을 잃을 수 있는 위험이 도사리고 있었다. 게다가 인부들은 뜨거운 태양 아래서 모두 상의를 벗고 작업했다. 이처럼 힘겹게 채석된 돌들은 배에 실려 로마로 운송된 후, 성 베드로 대성당까지 수레로 운반되었다. 얼마 후 성 베드로 대성당 앞 광장의 절반은 대리석으로 가득 차게 되었다.

드넓은 광장에서 번쩍번쩍 빛나는 대리석들을 보면서 미켈란젤로는 서둘러 작업을 시작해야겠다고 결심했다. 극심한 악천후로 돌의 운송이 지연되었지만, 그는 잠시도 지체하지 않았다. 이미 성 베드로 대성당 인근에 공방을 마련하고 자신과 조수들이 머물 숙소까지 준비했다. 한편 율리우스 2세도 작업이 진행되기를 학수고대하면서 언제든지 그 과정을 지켜보기 위해 바티칸과 공방에 이동식 가교를 설치했다. 항상 은밀히 작업하던 미켈란젤로는 이런 교황의 행동에 크게 실망했다.

게다가 교황은 돈 문제에 대해서도 몹시 인색했다. 1506년 4월, 결국 참다못한 미켈란젤로는 직접 교황을 만나야겠다고 결심했다. 이 위대한 조각가는 교황을 찾아가 단호한 태도로 보수를 요구했다. 교황에 대한 존경심은 보였지만 후원자에 대한 경의는 전혀 찾아볼 수 없었다. 교황의 추종자들은 헛기침을 하고 부들부들 떨리는 몸을 추스르며 이 시건방진 석공을 바라보았다. 그러나 정작 율리우스 2세는 그의 태도에 아랑곳 않고 미켈란젤로에게 이틀 후인 부활절 주일에 다시 찾아오라고 간청했다.

부활절 월요일에 미켈란젤로는 교황을 방문했지만 거부당하고 말았다. 그는 이튿날부터 하루도 거르지 않고 교황을 찾아갔지만, 결국 금요일에 '해고' 되었다. 불 같은 성격의 그는 곧바로 공방으로 돌아와 성난 발걸음으로 방들을 돌아다니며 서둘러 짐을 챙겼다. 이윽고 그는 후원자에게 한마디 기별도 없이 피렌체를 향해 떠났다.

과연 미켈란젤로의 행동이 지나쳤던 것일까? 피렌체로 돌아온 후에도 그는 여전히 걷잡을 수 없었다. 어떤 경우에도 그는 협박에 굴하지 않았다. 심지어 교황조차 그를 굴복시키지 못했다. 로마 공공사업 감독관이 보낸 편지에 대한 답장에서 그는 기꺼이 묘소의 공사를 완성할 의사가 있다고 밝혔다. 그러나 그 작업은 로마가 아닌 피렌체의 공방에서 진행해야 한다는 조건이었다. "만약 교황께서 공사가 계속 진행되기를 원하신다면 여기 피렌체로 보수를 보내주셔야 합니다. 그러면 제가 서신으로 돈을 송금할 곳을 알려드리겠습니다."

일개 예술가가 교황에게 이처럼 대담한 요구를 하면서 로마와 피렌체 간에 수많은 편지들이 오갔다. 여름이 끝날 무렵 긴장이 고조되면서 마침내 피렌체의 시뇨리아가 그 문제에 개입하고 나섰다. "그대는 감히 프랑스 국왕조차 함부로 대하지 못하는 교황을 자극하고 시험하고 있소." 최고행정관 피에로 소데리니가 미켈란젤로에게 말했다. "우리는 그대 때문에 교황과 전쟁을 치르고 싶지도 않고, 우리 조국을 위험에 빠뜨리고 싶지도 않소."

미켈란젤로는 전혀 동요하지 않고 적당한 시기가 오기만을 기다렸다. 심지어 교황이 볼로냐 원정에 몰두하던 시기에도 그의 태도는 전혀 변함이 없었다. 그러나 11월에 갑자기 태도가 돌변한 교황이 이 완고한 조각가에게 볼로냐에서 만나고 싶다는 의사를 전달했다. 이번에는 그에게 다른 작업을 의뢰할 것이라고 넌지시 암시했다. 몇 주일 후, 높은 의자에 앉은 율리우스 2세와 마주한 31세의 젊은 조각가 미켈란젤로는 최후의 대답까지 준비하고 있었다. 교황이 공사를 끝내지 않고 황급히 로마를 떠난 이유를 묻자 그는 마치 예리한 조각용 정처럼 날카로운 말로 응수했다. "그것은 악의가 아니라 경멸에서 비롯된 행동이었습니다."

그러나 율리우스 2세는 무례한 미켈란젤로에게 관용을 베풀며 오히려 자신의 청동상을 제작해줄 것을 부탁했다. 그 순간 이 위대한 조각가는 자신이 용서를 받는 동시에 여러 해 동안 고역을 치르게 될 거라는 사실을 깨달았다.

더욱이 그의 참회의 작업은 그것으로 끝나지 않을 터였다. 실제로 1508년 율리우스 2세는 새로운 작업을 의뢰하기 위해 다시금 그를 로마로 소환하는 것으로 그 예상이 틀리지 않았음을 입증했다.

처음에 미켈란젤로는 시스티나 예배당의 천장벽화를 그리는 작업을 전혀 달가워하지 않았다. "장소도 좋지 않고, 저는 화가가 아닙니다." 그는 평소처럼 솔직한 견해를 밝혔다. 그는 뛰어난 재능을 지닌 다른 화가들도 많을 뿐만 아니라, 자신은 항상 돌을 조각하는 일에 애정을 가진 사람이라고 말했다. 그러면 도대체 교황의 묘소는 어떻게 된 것일까? 그 작업은 끝마쳐야 했던 것 아닌가?

그러나 교황은 아무런 불평도 듣지 못했다. 시스티나 예배당 천장벽화는 반드시 그려져야 했으며, 그 작업을 해야 할 화가는 바로 미켈란젤로였다. 율리우스 2세는 미켈란젤로에게 즉시 시스티나 예배당 천장벽화 작업을 시작하도록 지시했다.

훗날 결혼하지 않은 이유를 묻는 질문에 미켈란젤로는 이렇게 대답했다. "나는 예술을 하면서 아내보다 더한 여자를 만났고, 그녀는 내게 충분한 고통을 안겨주었다." 시스티나 예배당의 천장을 본 사람이라면 항상 감시인이 그와 동행하는 모습을 볼 수 있었다. 처음에 그는 높이가 무려 24m에 달하는 천장에 그림을 그리기 위해 부득이 발판을 필요로 했다. 그럼에도 발판에 등을 대고 눕거나 고개를 뒤로 젖힌 채 작업해야만 했다. 더욱이 그가 작업하는 동안에도 예배당은 계속 사용했기 때문에, 그나마 발판조차 바닥에 고정시킬 수 없었다. 미켈란젤로는 석회에 물기가 마르기 전에 신속히 채색해야 하는 프레스코 화를 그려야만 했다. 그러나 예배당은 실내가 더웠을 뿐만 아니라, 먼지도 많고 몹시 어두웠다. 심지어 대낮에도 횃불을 밝히고 작업해야 할 정도였다.

교황이 벽화의 주제를 미켈란젤로에게 위임한 것도 그다지 도움이 되지 않았다. 그는 기술적인 측면뿐만 아니라 아무런 계획도 없었기 때문에, 벽화의 주제와 구성, 형태, 밑바탕이 되는 철학까지도 고민해야 했다. 그는 모든 것을 체념하고 궁리했지만, 아무래도 여러 해 동안 작업해야 할 것 같았다.

미켈란젤로는 평소와 같은 속도로 작업계획을 구상했고, 교황은 그가 제시한 계획을 승인했다. 그는 천지창조와 아담과 이브, 노아의 방주를 비롯해 《구약성서》의 장면들을 그릴 예정이었다. 1508년 후반까지 작업은 아주 순조롭게 진행되었다. 7월에 발판이 설치되었고, 비록 몇 명이 곧 해고되었지만 조수들도 고용되었다. 불 같은 성격의 미켈란젤로는 사소한 실수조차 용납하지 않았다.

새해가 시작되면서 미켈란젤로는 날마다 높은 발판 위로 올라갔다. 이따금 발끝을 세우고 서 있지 않을 때는 오른손에 붓을 쥐고 천장에 그림을 그렸다. "나는 마치 활처럼 하늘을 향해 몸을 구부렸다." 이처럼 몸을 구부린 채 그는 신속히 작업했다. 갓 바른 얇고 투명한 석회가 굳기 전에 서둘러 채색해야만 했기 때문이다. 그러나 그 작업은 너무나 고통스러웠기 때문에 미켈란젤로의 불 같은 성격마저 용인될 수 있었다. "나는 지옥에서 살았고, 그곳의 모습을 그렸다."

르네상스 시대의 세 여인

르네상스 시대 이탈리아 여자들의 생활은 중세와 크게 다르지 않았다. 그들은 집에서 가사를 돌보거나 들판에 나가서 농사를 거들면서 가족들을 보살폈다. 여자들은 얌전하고 정숙해야 했으며, 집 밖으로 외출하는 것도 제한되었다. 무엇보다도 아내는 남편의 의사를 존중해야 했는데, 15세기의 한 유명한 설교자는 남편에게는 아내를 구타할 수 있는 권리가 있다고까지 언급했다. 시에나의 성 베르나르디노는 또 이렇게 말했다. "모든 남자들에게 말한다. 절대로 임신한 아내를 때리지 말라. 그것은 대단히 위험한 행동이다. 이 말은 결코 아내를 때려서는 안된다는 것이 아니라, 그 시기를 잘 선택하라는 것이다."

종교에 귀의한 경우를 제외하면 오직 부유층 여인들만이 그런 비참한 삶을 모면할 수 있었다. 온갖 의무를 짊어진 평범한 여인들과 달리 많은 재산 덕분에 자유로운 생활을 누렸던 상류층 여인들은 과거 중세의 속박에서 벗어날 수 있었다. 이따금 그들은 자신의 능력과 취향을 바탕으로 새로운 역할이나 활동을 시도할 수도 있었다. 부유층 여인들은 예술을 비롯한 다른 여러 분야들을 후원하거나, 공부하여 학자가 되거나, 고유한 재능을 개발하여 자신의 존재를 세상에 알릴 수도 있었다. 하지만 이런 여인들조차 남자들에게 인정받기 위해서는 힘겨운 투쟁을 벌여야 했다.

한편 재산도 없고 교육의 혜택도 받지 못한 여인들은 가족을 부양하고 살아남기 위해 발버둥치는 해묵은 투쟁에서 벗어날 수 없었다. 다행히 르네상스 시대에는 상황이 변하면서 근대여성의 시초가 뿌리내리기 시작했다. 오른쪽 초상화들은 르네상스 시대에 나름대로 자신의 영역을 개척한 세 여인의 모습을 묘사한 작품들이다. 그들은 카테리나 스포르차, 비토리아 콜론나, 소포니스바 앙구이솔라로 각각 군인, 시인, 화가로 활동했다. ✳

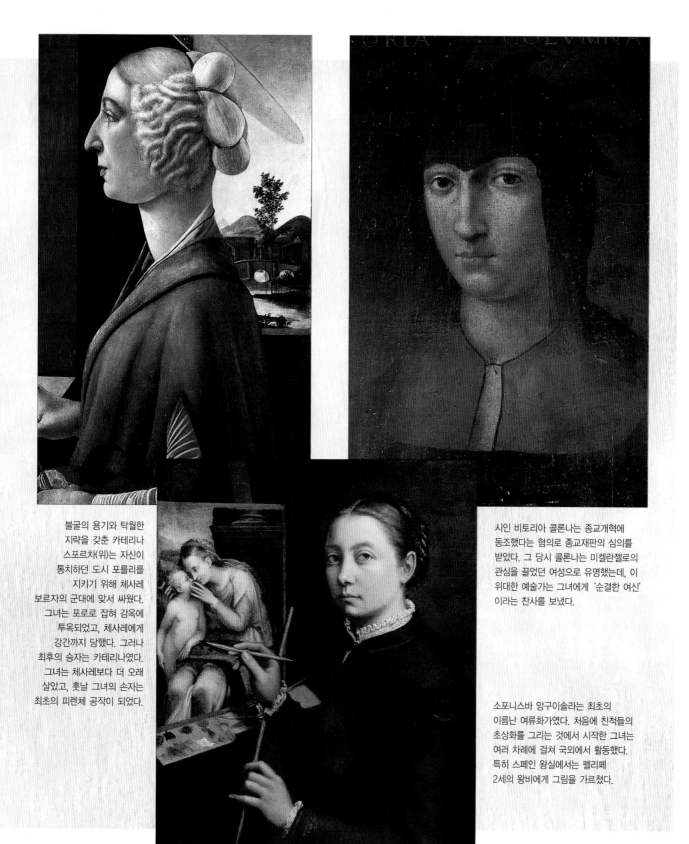

불굴의 용기와 탁월한 지략을 갖춘 카테리나 스포르채(위)는 자신이 통치하던 도시 포를리를 지키기 위해 체사레 보르자의 군대에 맞서 싸웠다. 그녀는 포로로 잡혀 감옥에 투옥되었고, 체사레에게 강간까지 당했다. 그러나 최후의 승자는 카테리나였다. 그녀는 체사레보다 더 오래 살았고, 훗날 그녀의 손자는 최초의 피렌체 공작이 되었다.

시인 비토리아 콜론나는 종교개혁에 동조했다는 혐의로 종교재판의 심의를 받았다. 그 당시 콜론나는 미켈란젤로의 관심을 끌었던 여성으로 유명했는데, 이 위대한 예술가는 그녀에게 '순결한 여신'이라는 찬사를 보냈다.

소포니스바 앙구이솔라는 최초의 이름난 여류화가였다. 처음에 친척들의 초상화를 그리는 것에서 시작한 그녀는 여러 차례에 걸쳐 국외에서 활동했다. 특히 스페인 왕실에서는 펠리페 2세의 왕비에게 그림을 가르쳤다.

시스티나 예배당의 천장벽화는 미켈란젤로의 삶을 황폐하게 만들었다. "나는 친구들이 없을 뿐만 아니라 친구들을 원하지도 않는다." 1509년 그는 형에게 자신의 처지를 비관하며 이렇게 말했다. "나는 제대로 음식을 먹을 시간조차 없다." 단 하루도 기술적인 문제든 형태의 문제든 새로운 문제가 나타나지 않을 때가 없었다. 이따금 그는 해결책을 떠올릴 때까지 작업을 중단하기도 했다. 그가 의지할 수 있는 사람은 단 한 명도 없었다. 사실상 조수들은 아무런 소용도 없었고, 채색작업은 거의 그가 혼자서 진행했다. 예배당의 천장은 밤낮으로 그의 사상으로 가득 차게 되었다. 밤을 지새우는 경우가 허다했던 미켈란젤로는 한밤중에 발판 위를 서성거리며 작업에 몰두했다. 그곳에서는 모자에 얹은 촛불에서 피어나는 연기와 천장에서 거칠게 흔들리는 그의 그림자를 볼 수 있었다.

그러나 미켈란젤로는 제대로 보수를 지급하지 않는 교황의 태도에 다시금 좌절하고 말았다. 결국 그의 가족들도 편안한 생활을 이어가지 못했다. 그의 아버지는 끊임없이 돈을 요구했는데, 심지어 아무런 동의도 없이 그의 계좌에 손을 댄 적도 있었다. 그는 게으른 동생을 일깨우기 위해 폭력을 행사한 적도 있었고, 가장 좋아하는 형이 치명적인 병에 걸려서 슬퍼했던 적도 있었다. "나는 세상에서 가장 힘겨운 일과 가장 많은 고뇌를 짊어진 채 살아가고 있어요." 그는 천장벽화를 완성하기 전에 아버지에게 이렇게 고백했다. "나는 지난 15년 동안 행복한 적이 없었어요."

높이가 무려 4.2m에 달하는 미켈란젤로의 〈다비드 상〉은 마치 무적의 전사처럼 보인다. 그러나 〈성경〉에 등장하는 이 영웅의 얼굴은 거인 골리앗에게 돌을 던질 생각에 온통 불안한 기색으로 가득하다. 이 거대한 〈다비드 상〉은 피렌체 시민들에게 힘과 자유의 상징이었다.

"나는 지옥에서 살았고 그곳의 모습을 그렸다."

미켈란젤로는 오직 벽화작업에 몰두할 때만 모든 것을 잊을 수 있었다. 그에게는 그림을 그리는 일 자체가 기쁨이었다. 거기에서는 하나님과 아담이 손가락과 손가락을 거의 맞대고 있고, 하나님은 빛과 어둠을 나누고 있고, 이브는 정원에 들어가려고 하고, 노아는 어리석게도 술에 취해 있었다. 모든 장면마다 운명의 무게와 신앙의 광명과 끊임없이 구원의 빛을 갈구하는 영혼이 녹아들어 있었다. 이런 끝없는 투쟁은 고통으로 뒤틀린 육신과 일그러진 얼굴에서 고스란히 전달되었다. 미켈란젤로는 이 세상에 홀로 선 채 자신이 창조한 세계에서 자신만의 하나님을 그려냈다.

1510년 율리우스 2세가 이 천장벽화를 대중에게 공개했을 때 벽화는 고작 절반 정도만이 완성된 상태였다. 미켈란젤로는 크게 상심했다. 심지어 교황은 작업을 서둘러 진행하라는 지시까지 내렸다. "그대가 서둘러 작품을 완성하여 우리의 기대에 부응하는 것은 크나큰 기쁨이오." 그는 미켈란젤로가 거부한다면 발판에서 떨어뜨리겠다고까지 위협했다.

이제 흔들리는 발판을 쿵쿵 걸어다니면서 미켈란젤로는 한 손에 붓 1개와 다른 손에는 여러 개를 쥐고 미친 듯이 작업에 몰두했다. 얼굴과 턱수염이 항상 물감으로 얼룩진 그는 육신을 이탈한 듯한 열정으로 작업했고, 그 모습에 감동한 후임 교황은 그를 광적인 예술가라고 불렀다. 이런 뜨거운 열정은 그의 천재성을 일깨우는 원동력이었다. 1512년 그는 형에게 보낸 편지에서 다음과 같이 말했다. "나는 불편한 몸을 이끌고 엄청난 노력을 기울이며 그 누구보다도 열심히 일하고 있어요. 하지만 원하는 목표에

187

1512년 마침내 모습을 드러낸 미켈란젤로의 시스티나 예배당 천장 벽화는 《성경》의 역사를 천지창조에서부터 노아의 대홍수에 이르기까지 연대별로 묘사하고 있다. 그 양쪽으로 《구약성서》의 예언자들과 이교도의 여자 예언자들의 모습이 그려져 있다. 전체적으로 엄청난 규모와 대작들의 역동적인 조합, 세부적으로 화려한 색상과 원근법의 탁월한 조화, 신들을 의인화한 기법이 어우러진 이 천장 벽화는 강력한 표현방식의 새로운 서막을 활짝 열었다.

놀랍게도 미켈란젤로는 자신이 그림에 뛰어난 재능이 있다고 생각하지 않았다. 실제로 이 천장벽화는 그가 철저한 감시를 받으면서 작업한 것이다. 조각을 선호했던 그에게 이처럼 거대한 천장에 프레스코 화를 그리는 작업은 극심한 고역이었다. 하지만 그는 감히 교황 율리우스 2세를 거역할 수 없었다. 아래에 적힌 소네트에서 미켈란젤로는 작업을 하는 자신의 모습을 대충 스케치한 그림까지 덧붙이며 이런 불만을 토로했다.

나는 이 힘겨운 일 때문에 갑상선종이 생겼다네.
강물에 실려 고양이들이 롬바르디아에 오거나
그 고양이들이 다른 곳에 있거나
내 배는 턱 밑에서 밀려 내려가고 있네.

내 턱수염이 천국을 향하면 나는 목에 닿는 내 뒷골을 느끼네
나는 하피(그리스 신화에 등장하는 탐욕스러운 괴물로 여자의 얼굴과
몸에 새의 날개를 지녔다 - 옮긴이)의 가슴을 키우고 있네
내 붓은 항상 내 얼굴 위에 있고
아래로 떨어진 물감이 바닥을 화려하게 물들이네.

내 허리는 내 위를 꿰뚫고 지나가고
내 엉덩이는 균형을 잡기 위해 말 엉덩이처럼 커졌네
눈으로 보지도 않고 내딛는 발걸음은 비틀거리네.

내 눈앞에서 내 살갗은 늘어지고
또다시 뒤로 접히며 매듭이 지어지고
내 몸은 시리아 인들의 활처럼 휘어지고 있네.

도달할 때까지는 참고 견뎌야 해요."

그 목표를 이루기까지는 그리 오랜 시간이 걸리지 않았다. 1512년 만성절에 미켈란젤로는 마지막 발판이 내려지는 모습을 지켜보았다. 바로 그 순간 그의 얼굴에는 희비가 교차하고 있었다. 처음 시스티나 예배당 천장에 올라간 지 약 4년의 세월이 지난 뒤였다.

이튿날 교황이 바티칸의 성직자들을 모두 거느리고 예배당에 들어왔을 때 미켈란젤로는 다시 그 자리에 있었다. 이윽고 교황의 시선이 하늘로 향하며 천천히 작은 원을 그렸다. 한 예술가의 손에서 탄생된 작품에 완전히 매료된 그는 대단히 만족스러운 기색을 보였다. 하지만 그는 어떤 식으로든 미켈란젤로에게 트집을 잡을 만한 구실을 찾으려고 노력했다. "이 벽화는 반드시 황금으로 장식해야 하네." 잠시 후 교황은 미켈란젤로와 눈이 마주쳤다. 위대한 예술가의 얼굴은 불신으로 가득했다.

그러나 로마 시민들은 그 작품에는 개선의 여지가 전혀 없다고 생각했다. 예배당으로 몰려든 사람들은 천장을 바라보며 깜짝 놀라 할 말을 잃고 말았다. 그들이 본 장면은 모두 《성경》에서 친숙하게 접했던 내용으로서, 그것은 경외감과 불안감을 동시에 유발했다. 그들은 미켈란젤로가 예배당의 높은 천장을 힘겹게 오르는 가운데 예술가로서 정점에 도달했으며, 그 무렵 르네상스도 절정기를 맞이했다는 사실을 알지 못했다.

초창기 르네상스의 낙관주의는 미켈란젤로가 결코 피할 수 없는 인간의 운명을 일깨우면서 어두운 그림자가 드리워졌다. 그 주일이 지나기도 전에 마치 그런 변화를 강조하듯 미켈란젤로의 친구인 니콜로 마키아벨리가 갑자기 관직에서 물러났다. 이런 갑작스러운 몰락으로 마키아벨리는 인간의 선천적인 악을 드러내고 르네상스 시대의 암울한 군주인 체사레 보르자를 '모든 권력자의 모델'로 찬양한 그의 대표적인 저서 《군주론》을 저술할 수 있는 기회를 얻었다.

르네상스 건축의 극치

"너는 베드로라 내가 이 반석 위에 내 교회를 세우리니." 로마의 성 베드로 대성당 내부의 거대한 돔 주위에는 이런 라틴 어 문구가 새겨져 있다. 이 유명한 《성경》의 구절은 교황의 권위를 지지하는 동시에 이 거대한 건축물 자체에도 큰 의미를 부여했다. 바로 성 베드로 대성당의 안전과 수명을 상징했던 것이다. 르네상스 교회의 종교적 신앙과 세속적 명리를 동시에 상징하는 이 기념물의 건축에는 무려 160년이라는 긴 세월이 소요되었다. 그 기간 동안 총 22명의 교황이 재위에 올랐으며, 16세기와 17세기의 수많은 위대한 예술가들이 재능과 열정을 쏟아부었다.

그러나 오늘날 웅장한 자태를 선보이는 그 건축물은 진정한 성 베드로 대성당이 아니다. 최초로 기독교를 승인한 로마의 콘스탄티누스 황제는 AD 4세기 초반 이 사도의 무덤으로 여겨지는 장소에 구(舊) 성 베드로 대성당을 건설했다. 이 초창기 성당은 정면의 넓은 아트리움과 황금 모자이크 장식이 돋보이는 화려한 건축물이었다. 하지만 수세기에 걸친 침략자들의 약탈과 아비뇽 교황청 시기의 무관심으로 14세기 중반에 이르자 성당의 제단이 사라졌고, 넓은 아트리움은 한가로이 풀을 뜯는 가축들로 가득했다. 1417년 마침내 교회 대분열이 끝나고 교황이 로마로 돌아왔을 때, 이 신성한 건축물은 구원의 손길을 절실히 필요로 하고 있었다.

처음에는 성당을 복원하려는 추세가 지배적이었다. 그러나 1503년 교황으로 선출된 율리우스 2세는 완전히 새로운 건축물로 대체하려는 야심만만한 계획에 착수했다. 이 엄청난 계획에 필요한 자금을 확보하기 위해 율리우스 2세는 많은 후원금을 기부한 사람들에게 면죄부(위 사진)—교황이 죄의 사면을 약속한다는 문서—를 발행하기 시작했다. 이 중대한 공사를 책임질 수석 건축가로는 도나토 브라만테가 임명되었다. 웅장한 로마 양식의 추종자였던 브라만테는 그리스

사도 베드로의 무덤 위에 세워진 것으로 알려진 구 성 베드로 대성당(왼쪽)은 교황이 프랑스 아비뇽에 머물던 시기에 사실상 폐허로 전락하고 말았다.

18세기 프랑스 화가 오라스 베르네(Horace Vernet)가 그린 이 그림에서 교황 율리우스 2세가 성 베드로 대성당의 공사를 맡은 위대한 건축가 3명을 만나고 있다. 미켈란젤로는 율리우스 2세의 왼쪽에 서 있고, 브라만테는 교황에게 라파엘로의 설계도를 보여주고 있다. 그 옆에서 바티칸 궁전에 그릴 프레스코 화의 스케치를 들고 있는 사람이 라파엘로다.

십자가 형태의 내부에 거대한 돔을 얹은 엄청난 규모의 정방형 사원을 설계했다. 그는 즉시 낡은 성당을 철거하는 작업에 착수했고, 그 과정에서 '파괴의 거장'이라는 별명을 얻었다. 그러나 율리우스 2세와 브라만테의 시대는 오래 지속되지 못했다. 1514년 두 사람이 모두 세상을 떠난 후, 그 계획은 새로운 교황 레오 10세가 물려받게 되었다. 그는 자신이 후원하던 뛰어난 건축가 라파엘로에게 성 베드로 대성당의 공사를 위임했다. 그 당시 레오 10세의 대관식은 성 베드로 대성당 건설부지 인근에 마련된 천막에서 수많은 인파가 몰려든 가운데 성대히 거행되었다. 로마에 다른 유명한 성당들이 있음에도 불구하고, 교황이 성 베드로의 무덤 바로 옆에서 대관식을 거행한다는 것은 상상조차 할 수 없는 일이었다.

그후 32년 동안 여러 명의 교황이 바뀌었고 수많은 건축가들이 그 공사를 위해 많은 노력을 기울였다. 수석 건축가 라파엘로는 중앙에 본당을 추가하면서 새로운 성 베드로 대성당의 기본설계를 라틴 양식의 직사각형 십자가 형태로 변경했다. 하지만 그는 수정된 설계를 실행하기도 전에 세상을 떠났고, 1520년 안토니오 다 상갈로(Antonio da Sangallo)가 후임자로 발탁되었다. 상갈로는 라파엘로의 절친한 동료로 1516년부터 성 베드로 대성당의 공사에 참여했다. 그는 여러 설계도들을 제시했고, 7년 동안 거대한 목조모형을 제작하는 데 전념했다. 이런 모형들을 제작하는 것은 르네상스 건축계획의 기본과정이었지만, 상갈로의 행동은 너무 지나친 듯했다. 그가 제작한 모형에 소요된 비용이 실제 큰 규모의 교회를 건설하는 비용과 맞먹을 정도로 엄청났기 때문이다. 심지어 그는 이 대규모 공사를 위해 모금된 기금을 친척들에게 빼돌린 사실이 밝혀지면서 거센 비난에 시달렸다.

브라만테가 세상을 떠난 후 성 베드로 대성당에 대한 실제적인 공사는 거의 이루어지지 않았다. 훗날 천장의 돔을 지지할 4개의 거대한 벽을 건설하고 구 성당의 잔해에 설치된 교차형 지지대 위에 아치형 천장을 올린 후 공사는 완전히 중단되었다. 그 자리에는 잡초만이 무성하게 자라났다. 그러나 1546년 상갈로가 사망한 후 공사가 재개되었다. 새로운 수석 건축가는 그 당시 71세의 나이로 교황 파울루스 3세의 권유를 마지못해 수락한 미켈란젤로였다. 34년 전 엄청난 열정으로 바티칸의 시스티나 예배당의 천장벽화를 완성했던 이 위대한 거장은 나이가 들고 지쳐서 그 임무를 맡으려고 하지 않았다. 훗날 그는 이렇게 고백했다. "내가 성 베드로 대성당의 공사를 맡은 것은 결코 내 의지에서 비롯된 것이 아니다. 그 것은 하나님의 영광을 찬양하고 성 베드로를 추모하고 내 영혼을 구원하기 위한 일이었다."

교황 율리우스 2세가 발행한 동메달(왼쪽)에는 양쪽에 우뚝 솟은 쌍둥이 탑과 중앙의 거대한 돔과 주변의 작고 둥근 천장들이 어우러진 성 베드로 대성당의 모습이 새겨져 있다. 이런 메달들은 이 대규모 공사에 필요한 자금을 모으기 위해 판매되었다. 앞면에 교황의 초상화가 새겨진 이 동메달은 1506년 4월 18일에 거행된 성 베드로 대성당의 착공식에서 성당의 초석 아래에 대량으로 매장되었다.

안토니오 다 상갈로가 설계한 성 베드로 대성당(아래)은 난잡하고 어둡다는 이유로 많은 사람들로부터 비난받았다. 미켈란젤로는 "그 설계도에는 어둡고 은밀한 장소가 너무 많아서 범죄자들이 도피하거나, 위조화폐를 주조하거나, 수녀들이 강간당하는 등 사악한 무리에게 악용될 가능성이 매우 크다"고 지적했다. 그는 매일 밤 성당의 모든 문을 찾아 단속하는 데 무려 25명의 관리인이 필요할 것이라고 예측했다.

1535년경 마에르텐 반 헴스케르크의 스케치. 성 베드로 대성당이 건설되는 과정에서 성 베드로의 무덤을 보호하기 위해 세운 도리스 양식의 구조물을 묘사한 것이다.

도메니코 크레스티 다 파시그나노의 그림.
검은색 정장을 입은 미켈란젤로가 교황
파울루스 4세에게 자신이 설계한 모형을 설명하고 있다.
이 위대한 거장은 브루넬레스키가 설계한 피렌체
대성당의 돔을 찬양하면서 성 베드로 대성당에도
그와 같은 형태의 돔을 채택했다.

1590년대에 제작된 오른쪽 프레스코 화는
미켈란젤로가 구상했을 법한 성 베드로 대성당의
모습을 묘사하고 있다. 그림은 실제 완공된
성당보다 건물의 형태가 둥글고 본당의 길이도
짧으며 돔은 타원형보다 원형에 가깝고
건물의 전면이 많이 돌출되어 있다.

1564년 조반니 안토니오 도시오의 스케치.
성 베드로 대성당의 돔을 건설하는 과정에서
석재를 들어올리는 모습을 묘사한 것이다.

　미켈란젤로는 그동안 공공연히 비난했던 상갈로의 설계를 대부분 배제하고 초창기 브라만테의 설계에 따라 거대한 돔을 세우는 방안을 채택했다. 비로소 이 위대한 공사가 재개되었다. 그후 17년 동안 공사가 진행되면서 성 베드로 대성당은 서서히 형태를 갖추기 시작했다. 그 과정에서 2개의 큰 예배당의 기초이자 거대한 돔을 지지할 원통형 건물인 남쪽의 앱스(後陣)도 건설되었다. 그러나 1564년 미켈란젤로가 세상을 떠나면서 또다시 공사가 중단되었다. 이번에는 24년 동안 공백기간이 이어졌다. 다행히 이전의 선임자들과는 달리 미켈란젤로는 교황 파울루스 3세로부터 문서를 통해 자신의 사후에도 설계를 변경하지 못한다는 보장을 받아놓았으며, 그 약속은 대부분 지켜졌다. 1580년대 후반 미켈란젤로의 후임자 자코모 델라 포르타(Giacomo della Porta)와 유명한 기술자 도메니코 폰타나(Domenico Fontana)가 거대한 돔과 성당의 내부를 완성했다. 지극히 일부를 제외하면 그들은 미켈란젤로의 설계에서 거의 벗어나지 않았다.

　그러나 모든 공사가 완료되기까지 36년의 세월이 더 흘렀고 설계에도 다시금 변화가 일어났다. 가톨릭 종교개혁이 시작되었고, 교황 파울루스 5세는 가톨릭 교회의 웅장함, 특히 교황의 권위를 강조하기 위해 노력했다. 그는 본당의 길이를 확장하기 위해 이미 성당의 전면에서 작업하던 건축가 카를로 마데르노에게 입구의 지지대를 거의 60m가량 늘이도록 지시했다. 이때 마데르노는 유일하게 남은 구 성 베드로 대성당의 흔적인 기둥과 벽과 소중한 모자이크를 모두 파괴했다.

1626년 11월 18일 우르바누스 8세는 수많은 추기경을 비롯해 외교관과 다른 유명인사들 앞에서 새로운 성 베드로 대성당의 완공을 축하했다. 물론 성당의 내부는 여전히 완성되지 않은 상태였다. 그후 40년에 걸쳐 이루어진 내부장식은 바로크 건축가 잔로렌초 베르니니가 대부분을 담당했는데, 그는 성당에 이르는 타원형 주랑을 설계한 인물이다. 그러나 중요한 공사와 작업이 모두 끝나고 탄생한 그 결과물은 르네상스 건축을 대표하는 최고의 걸작으로 손꼽히게 되었다.

성 베드로 대성당의 중앙에 위치한 본당은 카를로 마데르노가 건설했고, 17세기 바로크 화가들이 내부를 장식했다. 총길이 180m가 넘는 이 거대한 본당에서 높은 제단 위로 조각가 베르니니가 제작한 청동을 도금한 웅장한 천개는 불후의 대작으로 평가받았다.

비록 외형의 설계에는 미세한 변화가 있었지만, 높이가 무려 110m에 달하는 성 베드로 대성당의 돔 내부는 미켈란젤로의
설계에 따라 제작되었다. 그 웅장한 모습에 흠뻑 매료된 17세기 건축가 카를로 폰타나는 '역사상 유례를 찾아볼 수 없는
이 세상에서 가장 거대한 작품'이라고 단언하면서, 이 돔의 설계자에게 '영원히 불멸할 위대한 건축가'라는 찬사를 보냈다.

가톨릭 종교개혁(Counter Reformation) 16세기 말~17세기 초에 프로테스탄트 종교개혁에 대응하여 로마 가톨릭 교회의 내부에서 시작된 종교개혁.

결혼 지참금 기금(Dowry Fund) 피렌체에서 국가가 운영한 결혼 지참금 제도로, 딸의 결혼시에 이자와 더불어 환급되는 이 기금은 딸을 출산한 부모들이 가입할 수 있었다.

군도(Archipelago) 많은 섬들로 이루어진 수역(水域).

도제(Apprentice) 한 길드에서 기술을 배우는 조건으로 그 길드를 위해 일하는 소년이나 청년. 이 관계는 보통 합법적인 계약을 통해 이루어졌다.

리알토(Rialto) 베네치아 공화국의 시장으로 상업의 중심지였다.

마드리갈(Madrigal) 14세기에 북부 이탈리아에서 시작된 실내 성악곡.

메르카토 베키오(Mercato Vecchio) 피렌체의 구(舊)시장으로 시내에서 가장 번화한 상업구역.

바로크(Baroque) 16세기 후반 이탈리아에서 시작되어 유럽 전역으로 확산된 양식으로 웅장함과 화려함, 극적 효과와 생동감, 복잡한 디자인이 특징이다.

부벽(Buttress) 건축물을 외부에서 지탱해주는 장치. 벽 전체를 두껍게 하는 것보다 효과적이며, 장식의 효과도 있어 고딕 건축에서 많이 볼 수 있다.

사치금지법(Sumptuary laws) 사치품의 소유와 낭비를 제한하려는 법으로 특히 부유층과 고위층의 소유를 규제하려는 목적으로 제정되었다.

성체(Holy communion) 영성체의 신성한 빵.

세례당(Baptistery) 세례를 위해 교회 내부나 별도의 건물에 마련한 장소.

솔도(Soldo) 이탈리아에서 사용되는 동전화폐.

슈미즈(Chemise) 여성들이 입는 느슨한 속옷으로 대부분 리넨으로 만들어진다.

스피노소(Spinoso) '가시투성이' 란 뜻의 이탈리아 어.

시뇨리아(Signoria) 중세와 르네상스 시대에 이탈리아 도시국가에서 시뇨레(군주)가 다스린 정부.

아람 어(Aramaic language) 셈 어의 중북부 어군 또는 북서부 어군에 속하는 언어.

아르세날(Arsenal) 베네치아에 위치한 거대한 조선소의 이름으로 선박, 돛, 밧줄, 무기 등을 제조했다.

앱스(Apse) 교회에서 제단이 위치한 건물로 보통 반원형이나 다각형의 돔으로 설계된다.

약제사(Apothecary) 약재를 조제하고 처방하는 사람.

은사(Indulgence) 로마 가톨릭 교회에서 죄를 사면하는 조치로 참회의 행동을 통해 주교나 추기경, 교황의 승인을 받았다.

인문주의(Humanism) 르네상스 시대에 고대 그리스·로마 문화의 부흥을 이끌기 위해 일어난 문예사조로 종교적인 연구보다 세속적인 측면을 강조했다.

점성술(Astrology) 별과 행성, 태양과 달이 인간생활과 자연현상에 직접적인 영향을 미친다는 이론에 근거하여 개인이나 집단, 국가의 운명을 예측하는 점술.

최고행정관(Chief magistrate)   피렌체 정부 시뇨리아의 수장으로
의원들의 투표로 선발되었다. 초기에는 임기가 2개월이었지만
1498년 이후부터 종신직으로 바뀌었다.

코르누(Cornu)   베네치아의 대공이 착용하던 뿔 모양의 모자.

트롱프뢰유(Trompe l' oeil)   회화의 한 기법으로 어떤 대상을 실제
로 착각할 정도로 사실적으로 재현한 그림.

팔리오(Palio)   이 단어의 사전적 의미는 '깃발'이다. 황금으로 장
식한 실크 깃발로 이따금 가죽으로 테두리를 장식하기도 하는데,
해마다 축제에서 열리는 경마대회의 우승자에게 상으로 주어졌다.
모든 경마대회는 이런 상으로 대회명을 결정했다.

프라(Fra)   이탈리아 수도사들에게 주어지는 칭호로 보통 '형제'
라는 의미다.

플로린(Florin)   1512년 피렌체에서 최초로 주조된 금화.

하피(Harpy)   그리스 신화에 등장하는 탐욕스러운 괴물로 여자의
얼굴과 몸에 새의 날개를 지녔다.

옮긴이 **윤영호**

한국외국어대학교 언어학과를 졸업하고 현재 전문 번역가로 활동하고 있다. 옮긴 책으로는 《세계사 속의 토픽》《자본의 미스터리》《로버트 쿠퍼 박사의 100퍼센트 인생경영》《위대한 두목, 엘리자베스》등이 있다.

What Life Was Like 천재들의 시대

초판 1쇄 펴낸 날 : 2004. 4. 30
초판 2쇄 펴낸 날 : 2007. 1. 25

지은이 : 타임라이프 북스 | 옮긴이 : 윤영호
펴낸이 : 이광식 | 펴낸데 : 도서출판 가람기획 | 등록 : 제13-241(1990. 3. 24)
주소 : 서울시 마포구 구수동 68-8 진영빌딩 4층 | 전화 : (02)3275-2915~7 전송 : (02)3275-2918
전자우편 : garam815@chol.com | 홈페이지 : www.garambooks.co.kr
ISBN 89-8435-177-6 (04900)   ISBN 89-8435-172-5(set)

ⓒ 가람기획, 2004

서점에서 책을 살 수 없는 독자들을 위해 우편판매를 하고 있습니다.
수   협   093-62-112061 (예금주:이광식)
농   협   374-02-045616 (예금주:이광식)
국민은행 822-21-0090-623 (예금주:이광식)